はじめに

すでにビジネスの世界では当たり前になった、「PLAN（計画）」→「DO（実行）」→「CHECK（評価）」→「ACT（改善）」の「PDCA」は、生産管理や品質管理、業務管理などを継続的に改善していくマネジメント手法として多くの評価を得た。しかし、このPDCAは「平時」におけるマネジメントサイクルだ。

変化が激しい現代社会のリスクマネジメントでは、的確な意思決定をし、迅速に行動（実行）するためには、PDCAを適応させることは難しくなってきている。

PDCAの効用を否定しているわけではない。これほどまでに変化のスピードが早いと、少し前まで最新だったものはあっという間に陳腐化していく。そんな時代において、PDCAのスピード感では対応が間に合わないのである。

そのPDCAを代替するのが、本書で解説する「OODA《ウーダ》」だ。

リスクマネジメントや危機管理だけでなく、通常業務においても有効な意思決定法であるＯＯＤＡの中身については後述するが、このフレームワークはＰＤＣＡと同じように、次の４つのフェーズを回していくことになる。

・観察（Observe）
・状況判断（Orient）
・意思決定（Decide）
・行動（Act）

ＰＤＣＡは「サイクル」といい、ＯＯＤＡは「サイクル」ではなく「ループ」というのは、ＰＤＣＡは業務や品質を改善するために繰り返し実施するのに対して、ＯＯＤＡは通常、短時間あるいは短期間のうちに意思決定、行動するためである。ＯＯＤＡも失敗したあとには観察をし直し、状況判断を見直して意思決定、行動することができる。

この意思決定フレームワークを考えたのは、朝鮮戦争を経験したアメリカ空軍パイロットのジョン・ボイド大佐だ。

図表 0-1　PDCA と OODA

< PDCA >

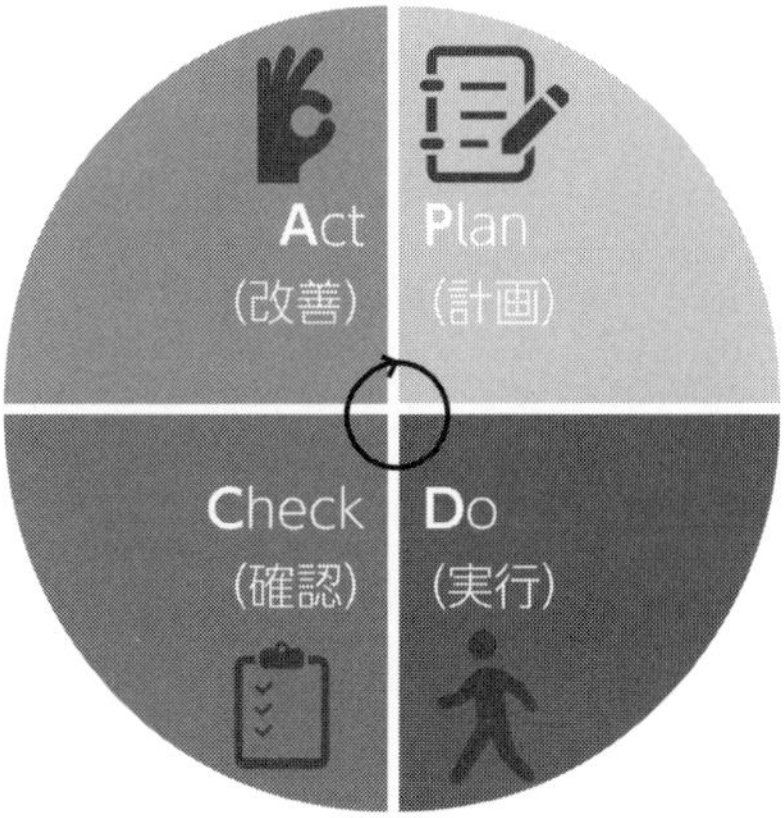

< OODA >

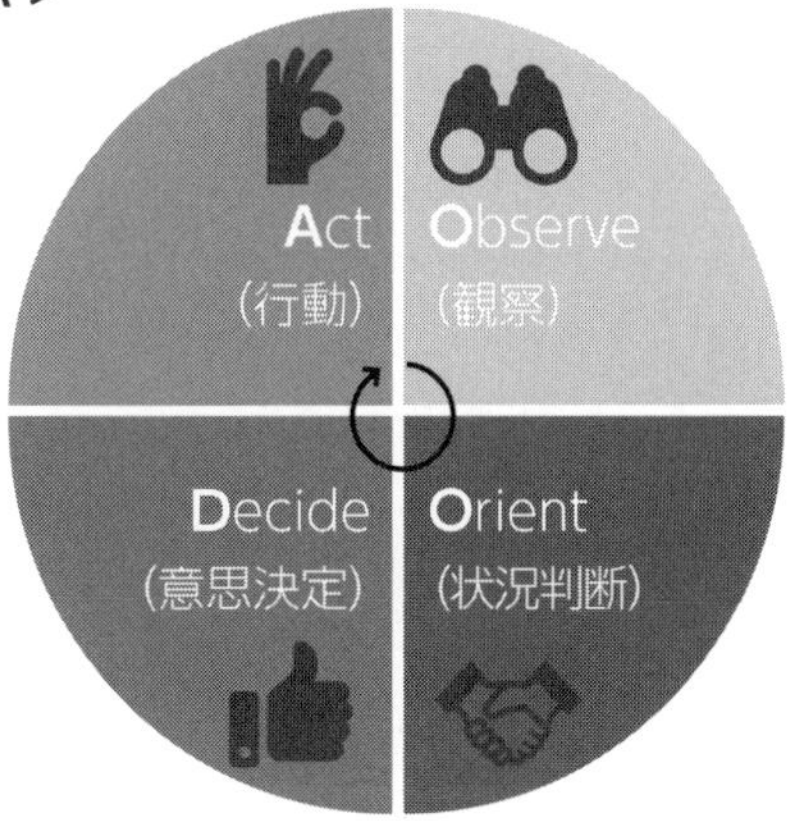

ご存じのとおり、朝鮮戦争は北朝鮮と韓国による民族紛争だったが、同時にアメリカを中心とする資本主義と、旧ソ連を中心とする共産主義の対立でもあった。当時、アメリカ軍の主力戦闘機はF-86、旧ソ連軍の主力戦闘機はミグ-15だったが、上昇、加速といった性能だけをみると、ミグ-15のほうがはるかに優位性があった。しかし、F-86は、ミグ-15の約10倍もの撃墜戦果を上げた。

その成果のカギを握っていたのが、マネジメント力だった。なぜなら、ミグ-15よりF-86のほうが操縦席の視界が広く、相手機や周囲の状況を早くかつ正確に捉えることができ、かつ操縦や機銃操作が迅速にできたからである。つまり、のちにジョン・ボイド大佐が考えた、観察-状況判断-意思決定-行動のOODAループそのものだった。

その後、東西冷戦が終わると、OODAはほとんど注目されなくなった。

しかし、2000年前後から世界経済のグローバル化の進展、発展途上国の成長、技術革新の目覚ましい発展などにより、今までの常識では予想がつかない出来事や激しい変化に対応する必要性が増してきた。

さらに、アメリカでトランプ大統領が誕生すると、ツイッターによる人事や政策発表など、朝令暮改に世界中が振り回されるようになった。

こうした背景もあり、アメリカではビジネスの目まぐるしい変化に対応するために、これまで以上に素早く意思決定する必要性が増したことから、再びＯＯＤＡが注目されるようになっている。ビジネスの現場が、まるで戦場のように刻一刻と変わるようになったということだろう。

ＯＯＤＡは戦場のような変化がきわめて激しいときに適した考え方である。

ますます変化のスピードが増している現代で、さまざまなリスクに対応したリスクマネジメント・危機管理の必要性により、「ＰＤＣＡ」ではなく、「ＯＯＤＡ」をマネジメントのループとして取り入れることが増え、ＯＯＤＡこそがビジネスシーンでも主流になってくるだろう。

日本人こそ身につけるべき「ＯＯＤＡ」

世の中の変化が激しい中で「今さらどうにもならない（Too Little Too Late）」という状態に陥らないためには、日本でもスピーディーな意思決定と行動が求められるようになってきている。しかし、日本ではまだ一部のメディアに取り上げられた程度で、実際に意思決定やリスクマネジメント・危機管理にOODAを採り入れている企業・団体はほとんどないのが現状である。

第二次世界大戦後、さまざまな努力、協調、妥協などによって積み上げられてきた世界秩序は脆《もろ》くなり、今後、政治だけでなく、経済、社会情勢の不安定が増すだろう。それだけではない。すでにみなさんも実感しているように、気候変動による自然災害の増加など、環境面でも不安定さが増している。こうしたさまざまな激しい変化に対応するために、ODAは必要な考え方だ。

また、日本人はリスクマネジメントや危機管理における意思決定が不得手とされるが、それを克服するためにもOODAを活用した意思決定ができる体制を整備しておく必要がある。企業風土、現場のリーダーへ権限移譲する組織体制、リーダーの人材育成、業務モデルなど、戦後70年続いた日本の労働慣行に変革を迫る「働き方改革」で求められる取り組みと同時に手を付けるべきだ。

パイロットはOODAで意思決定してきた

じつは、民間旅客機のパイロットはOODAという言葉を知らなくても、OODAによる意思決定が身についている。実際、私も日常のフライトにおいてOODAで意思決定を行っていた。

たとえば、飛行中は目視、機上レーダー、風や温度の変化などを観測、モニターするなど情報収集をし（観察：Observe）、乱気流に遭遇するかどうかを判断し（状況判断：Orient）、高度や針路の変更、乗客の座席ベルト着用サインの点灯などを決め（意思決定：Decide）、その意思決定に従って高度変更、針路変更する（行動：Act）ことで、乱気流などによる乗客・乗員のケガを防止していた。

一方、PDCAは、計画を立ててしまうと計画どおりにいかなかったときの対応が遅くなってしまう。計画して、実行して、それを評価して、見直してでは状況に追いつくことはできないだろう。

飛行機のドアをすべて閉めて出発したあとは、機長の責任と権限でそのフライトの意思決定がなされる。航空会社は機長の判断、決断を最大限に尊重する組織風土が確立しており、重大な過失でもないかぎり、たとえ行政処分があっても、航空会社は機長を最大限に守る。航空会社と機長の間には、そうした強固な信頼関係が築かれている。突発的な事態、トラブル、危機的な状況が発生して、時間的余裕がないときに刻々と悪化する現場の状況を正確に把握できない中央組織や本社が意思決定をしていたら、状況はさらに悪化し、場合によっては最悪の事態を招くことすらある。それゆえ航空業界では、以前から現場のリーダーによるOODAループの意思決定が定着しており、トラブルなどに対しても現場のリーダーが迅速に意思決定（Decide）―行動（Act）できる危機対応がなされている。

そのためには「働き方改革」を機に、企業風土、組織体制、リーダーの人材育成など、それに対応できる体制に変革していく必要がある。第11章で詳しく説明するが、現場のリーダーに権限を委譲する制度を構築・整備することも肝要である。

PDCAとOODAの決定的な違い

PDCAとOODAはどこに決定的な違いがあるのか。それは次の2点だ。

①出発点がPDCAは「計画」、OODAの「観察・情報収集」である
②ループを完結するのに要する時間の単位がOODAのほうがきわめて短い

ＯＯＤＡがスピード感に優れている点は、両者の出発点、ＰＤＣＡの「計画（Plan）」とＯＯＤＡの「観察（Observe）」の違いにある。

ＰＤＣＡは月単位、場合によっては年単位のスパンで考えるときには有効だが、ＯＯＤＡは場合によっては、「時間単位」「分単位」、ときには「秒単位」で意思決定することもある。

激しく環境が変化している状況下では「計画」中に状況が変わっていく。状況が変わったからといって計画を練り直しているようでは、いつまで経っても次の「実行（Do）」に進めない事態も考えられる。**十分な時間を取って計画を立てる猶予がない切迫した状況下では、ＰＤＣＡではまったく歯が立たない**ということだ。

計画よりも、観察して状況を認識したら、すぐに対応して判断・決断を下し、実行しないと、現代のさまざまな危機には対応できないことが増えている。

ＯＯＤＡが日本に浸透していない理由

『孫子の兵法』に代表されるように、軍事関係の考え方が現在になってビジネスに転用されることは少なくない。ＯＯＤＡもそのひとつであることはすでに説明したとおりだ。

この意思決定ループは、戦闘機を操縦するパイロットが考案したことからもわかるように、実際に行動を起こすまでのプロセスを短時間で行うことを前提につくられている。それは当然だ。悠長に考えていれば、敵機に撃ち落とされてしまう。

つまり、敵機や周囲の状況を眼で見て、状況を把握・判断し、自機の採るべき行動を意思決定して敵機を撃ち落とす――これは撃墜するか撃墜されるかの生死を分ける意思決定である。

「計画」を立てることすらできない刻一刻と変化する状況下に適しているＯＯＤＡは、まさにリスクマネジメント・危機管理における究極の意思決定ループなのである。

アメリカのビジネス界ではＯＯＤＡが浸透してきている。

たとえば、２００１年に起こったアメリカ同時多発テロ、いわゆる９・11のとき、アメリカでは為替市場を閉めずに動かし続けた。このとき、私はアメリカの強さを感じた。為替市場をストップさせると、全世界の金融が機能不全を起こしてしまう。この予期できない不測の事態が起こっても、金融当局は、OODA的な発想で為替市場を動かし続けるという決定を行っていたに違いない。つまり、計画を立てずに、その場その場でよく観察し、柔軟かつ即座に対応していたはずである。

一方、日本でも少しずつ「OODA」について話す人が出てきているものの、その数はきわめて少ない。理由のひとつとして考えられるのは、日本企業の稟議《りんぎ》制度に代表されるような、何人ものハンコを押さないと決議が通らない企業風土にあると思っている。日本の企業文化は、リーダーが即断即決を行うことを促すOODAとは相反する性質を持っている。

日本でOODAを浸透させるためには、現場のリーダーに権限を与え、よほどの間違いがなければ現場のリーダーの判断・決断を尊重するシステムづくりが急務だと考える。それをせず、旧態依然とした上層部まで議題を上げ、会議で決めていくシステムのままであれば、変化のスピードが速くなっている現代において適切なリスクマネジメント・危機管理など望むべくもないだろう。つまり、**現場を最も理解している現場のリーダーに責任と権限を持たせて、決断させることがますます求められるようになってくるということだ。**

　ＯＯＤＡは決して難しいものではない。

　目的意識、危機意識を持って情報に対する感度を上げる工夫をし、本質は何か、何が大切かを常に意識して状況判断をして、それに基づいた意思決定をして、果敢に行動する習慣をつくっていけば、誰でもＯＯＤＡループによる意思決定と行動する力を身につけられるはずである。

　自分自身の経験を振り返ってみると、うまくいったこと、フライトや組織運営などにおいて、リスクマネジメントや危機管理ができていたケースでは、ＯＯＤＡループを確実に実行していたことに気づいた。このようにＯＯＤＡは難しい理論ではなく、特に目新しい考えでもない。観察（情報感度）─状況判断─意思決定（決断力）─（果敢な）実行という誰でもできるごく単純なループを磨いていくことにより身につけることができる。

　したがって本書では、ＯＯＤＡについてより具体的にイメージしてもらえるように、私自身の経験やものごとの捉え方を紹介するように心がけた。

ＯＯＤＡを多くのビジネスパーソンに広く知っていただき、かつそれを実践的に活用して、日々の業務におけるリスクマネジメント・危機管理はもちろんのこと、何が起こるかわからない人生をより豊かにすることにも活かしていただきたいと願っている。

２０２０年1月

小林宏之

ＯＯＤＡ　危機管理と効率・達成を叶えるマネジメント

◎目次

第6章 OODAループ②

Observe－Orient

「観察」「状況判断」をするために情報力を磨く

第7章 OODAループ③ Observe − Orient 悲観的に準備する

第8章 OODAループ④ Decide 決断力を磨く

第9章 OODAループ⑤ Act 楽観的に対応する

第10章 OODA時代を生き抜くリーダーに求められる条件

●編集協力　有限会社バウンド
●装丁　田中玲子（ムーブエイト）
●写真提供　時事フォト

第1章

リスクマネジメントの本質
——今、なぜ危機管理が必要なのか

官民問わず劣化する日本の危機意識

２０１９年10月に、今後の日本のエネルギー政策に影響を与えかねない重大な問題が発覚した。関西電力の経営幹部らが福井県高浜町の元助役から多額の金品を受け取っていた問題だ。メディアで連日大きく報道されたので、ここで詳細を述べることはしないが、まるで江戸時代の悪代官と欲深い商人とのやりとりを彷彿《ほうふつ》とさせるような、今の時代にはとても信じられないようなことだった。

近年、日本を代表するような大企業による粉飾決算、不適切会計、性能データの改ざん、建築工事の偽装、談合などが発生しており、日本企業の信頼性の失墜だけでなく、大きな社会問題となっている。

民間企業だけではない。公的機関の年金機構のデータ紛失、公的機関に準ずる日本郵政グループの「かんぽ生命」による保険の不適切販売など、**日本全体でコンプライアンスへの意識の低さ、価値観の混乱、「何を大切にすべきか」という重要度の選択能力なさが露呈している。**

その根源にあるのは「危機管理の甘さ」である。

リスクマネジメントの定義

リスクマネジメントや危機管理という言葉は、日本でもすでに一般化している。

リスクマネジメント（Risk management）は、人間の活動に伴う不確実性、さまざまなリスクに対するマネジメントである。リスクマネジメントには、ケガ、事故、盗難、倒産などの100点満点の成果であっても一瞬でゼロとなる可能性のあるものに対しての「純粋リスクマネジメント（Pure Risk management）」と、株式投資、為替手当、支店や事業の拡大など儲かる（プラスになる）場合と損失を出す（マイナスになる）「投機的リスクマネジメント（Speculative Risk management）」とがある。そしてそのマネジメントは、リスクが実際に発生しないようにする未然防止、実際にリスクが発生した場合の被害を最小限に止める被害局限対応をして、元の状態、正常な状態に回復させて、二度と同じようなことを発生させない再発防止の一連のマネジメントをいう。

リスクマネジメントを本格的に研究を始めたのは、第一次世界大戦で敗戦国となり、膨大な額の賠償金と超インフレに悩まされたドイツであった。その後、１９２９年にアメリカで起きた世界恐慌から企業を守るための保険の概念が研究されるようになった。保険でリスクを手当てする考え方は、現在でもリスクマネジメントの主要な対策のひとつとなっており、日本でも保険会社のホームページで、リスクマネジメントのコーナーを見ることができる。

リスクマネジメントの未然防止－被害局限対応－回復－再発防止は、予防－治療－快復－再発防止の健康管理とまったく同じマネジメントである。健康管理でも血圧、尿酸値、血糖値などを、医療界ではリスクファクターと呼んでいることから、健康管理とリスクマネジメントとはまったく同じ考え方、取り組み姿勢でいいことは、パイロットとして42年間一度も病欠せず、無事故の運航を続けることができた経験から、確信をもっていえる。そのポイントは何か。それは誰でも知っている「こうしたほうが良い」「こんなことをしたらダメだ」ということを、どれだけ徹底できるかにかかっている。

リスクマネジメントにしても健康管理にしても、失敗すると、危機を招き、病気になってしまい、場合によっては生死にかかわる大病になるということである。

危機管理の定義

危機管理は英語ではクライシス・マネジメント（Crisis management）という。クライシス（Crisis）とは、将来を左右する重要な分岐点を表す。その語源は病人の生死の分岐点を表す古代ギリシャ語の医学用語に由来する。したがって、欧米ではCrisis management は生死、組織の存続を表す場合に使用される。

危機管理をシンプルに捉えると、自然界がその答えを出してくれる。自然界も人間社会も「生き延びる」こと、そして「種族を保存する」が究極の目的であり、危機管理である。弱肉強食の自然界では、それぞれの種がそれぞれ方法で天敵から身を守り、種族を残しながら進化してきた。

危機管理が本格的に研究されるようになったのは、1960年代の米ソ冷戦時代のキューバ危機からである。その後、危機管理という言葉は、日本では石油危機、金融危機を契機に、企業の危機管理、学校の危機管理、さらに家庭の危機管理などにも幅広く使われるようになったが、「リスクマネジメント」と「危機管理」は明確に分けて使われていない。

また、実務の現場では「リスクマネジメント」と「危機管理」の境目がはっきりしていないことから、本書では、両者の共通する内容については「リスクマネジメント・危機管理」とし、危機管理に関わることについては「危機管理」とする。

いずれにしろ、実務の現場の人間として大切なことは、用語の定義より、実際にリスクマネジメント、危機管理を確実に実施したうえで、仕事の成果をあげることが重要である。本書からリスクマネジメント・危機管理の心構えも含めて、ＯＯＤＡループのコツを読み取り、それぞれの目的達成、仕事の成果、人生に活かしていただくことが、本書の目的とするところである。

自然界も人間社会も「生き延びる」こと、そして「種族を保存する」が究極の生きる目的である。弱肉強食の自然界では、それぞれの種がそれぞれ方法で天敵から身を守るべく進化してきた。

たとえば、白と黒の縞模様が特徴のシマウマは、アフリカの大草原の中では目立ってしまうため、肉食動物の餌食《えじき》になりやすそうだ。しかし、シマウマが絶滅するという話は聞こえてこない。ある説では、あの特徴的な模様は目の錯覚を起こさせるためにあると考えられている。それは理容店の回転するポールの模様が上に向かって動いているように見えるのと同じ原理だという。肉食動物はあの縞模様の錯覚効果によって、追いかけている最中にどちらへ向かっているのかの判断に迷ってしまい、その隙にシマウマは危機的状況を脱するのだそうだ。

人間社会でも同じだ。

たとえば、企業も永続的に事業を続けるためには危機管理をしなければならない。それと同時に次世代を育てることで、「種族保存」をする必要がある。そのためには、日ごろから危機意識を持ち、自らを、そして自分が所属する組織を進化させていく必要がある。そうでなければ、弱肉強食のビジネス界では生き残ることはできない。

一般に言われている危機管理は、ふたつの要素で構成される。

①危機の未然防止
②危機発生時の最悪の事態を防ぐ被害局限対応

そして、最悪の事態を防いだあとに求められるのは、「元の状態、正常な状態への回復」と「再発防止策の検討と対策の実施」である。

日本国憲法に見える日本人がリスクマネジメント・危機管理に甘いワケ

最近の危機管理意識の欠如に起因していると思われる日本人のふるまいの背景には、「自己責任」という意識の低さを感じざるを得ない。「自己責任」という言葉はそこかしこで聞かれるものの、その言葉を使う人たちが、その本質的な意味を理解しているかに疑問を感じることが多い。

私は、日本人の危機管理の甘さは、日本国憲法に象徴されていると思う。

日本国憲法には、「権利」と「自由」という言葉はたくさん書かれている。それは大変結構なことだが、元来「自由」や「権利」は「責任」と対《つい》であるべきだ。それなのに、「責任」という文言は、「自由」「権利」に比べるとわずかしか出てこない。

このことは、**何か〝事〟が起こると、多くの人が自分のことを棚に上げて、「他の責任」を追及することに終始する風潮を象徴しているの**ではないか。

たとえば、公園の遊具で子どもがケガをすると、自治体は「管理責任」という言葉を持ち出して、遊具をすべて取り払ってしまう。たとえ問題のある遊具はひとつだけでも、一度問題が起こっただけで全部ダメとするのはあまりに極端ではなかろうか。ことさら最近その傾向が強くなっているようだ。

昨今、世間を騒がせている虐待やあおり運転の問題、学校におけるモンスターペアレンツの問題なども、自らの権利や自由だけを主張して、何もかも人のせいにしようとする人によって引き起こされているような気がしてならない。

責任の取り方を学んでいない日本人

基本的に「自律性」がないとリスクマネジメントも危機管理もできない。できたとしても非常に甘いものになってしまう。

自律性とは端的に言えば、「自己責任」「自助努力」のことである。

アメリカでは「Own Risk（自己責任）」を問う看板や表示をよく目にするように、アメリカ人の「自己責任」に対する意識は高く、リスクマネジメント・危機管理をする習慣が身についているように思える。物事に対して「自己責任」という意識がなければ、リスクマネジメントも危機管理もできない。

日本でも株式投資する個人投資家の間では「自己責任」という言葉が定着してきているが、かつては証券会社の言いなりに投資した結果、大きな損失が発生すると、営業マンに文句を言うような人が多かった。

いくら営業マンが「これから確実に株価が上がるので買ってください」と言ったからといって、最終的には「買う」と最終的に決断したのは自分に他ならない。しかし、損した途端に最終的な自分の決断は棚に上げて、営業マンを責め立てるのは「責任」を追わずに利益を上げようとする、都合のいい考え方である。

そう言いたい気持ちはわからないではないが、大きな損失を出してしまったあとに、営業マンを責め立てたところで損したお金が返ってくるわけではない。そもそも営業マンに依存して投資していても、利益を出すために自分で銘柄を選ぶという自律性はいつまでたっても養われない。

重要度の決め方がおかしくなってしまった日本人

「赤信号みんなで渡れば怖くない」

これはビートたけし氏がかつて漫才で言った有名なフレーズだが、これは日本人の危機管理の甘さを表した皮肉と私は捉えている。

「みんながそうしているから」

「雑誌に出ていたから」

「テレビで放送されていたから」

つまり、自分で考えて自己責任で判断するよりも、みんなと同じであることを免罪符にして安心する傾向が日本人にあるということだ。これでは思考停止に陥ってしまう。

危機管理の基本は、「何を大切にするか」「何を大切にしたいのか」という重要度の選択にある。しかし、「赤信号みんなで渡れば怖くない」に潜《ひそ》む心理には、自分の確固たる考えというものがない。言い換えれば、自分の価値観や重要に思うことよりも、大多数の意見に従うということである。日本人はものごとの重要度の決め方がおかしくなっている人が多いのである。

その代表的な事例が、駅のホームで電車が入線しているにもかかわらず、スマートフォンに夢中になり、電車に接触する事故や線路に落ちて人身事故になるケースである。

私からすると、最悪の場合は最も大切であるはずの自分の命を落とす結果になりかねないにもかかわらず、スマートフォンの画面を見ることのほうを重要と考えているようにしか思えない。高速道路であおり運転した挙句、クルマを無理やり停車させる事件も起こったが、高速道路上で車を停車させることの危険性を考慮しない行為は本当に愚かとしかいいようがない。

危機管理の視点では信じがたい、こうした事故や出来事が日本社会で頻発《ひんぱつ》している。何が最も重要か、優先順位が高いものが何かをもっと吟味してほしい。

危機管理の本能は、使わなければ劣化する

危機管理はもともと動物としての人間に備わっている本能である。しかし、いかに本能であっても、その本能を使わなければ劣化してしまう。

戦後の日本、特に高度成長期以降の日本は、国も企業・団体も個人も、世界の国々と比べても恵まれていた。いわゆる〝平和ボケ〟のような状況であったことが、日本人の危機意識の劣化につながった背景としてあることは否定できない。

ちなみに、世界中で最も危機管理に優れている国といえば、文句なしにイスラエルだ。ユダヤ人国家であるイスラエルの周囲は、理解し合うことが難しい、パレスチナ人が入植するヨルダン川西岸地区やガザ地区、ヨルダン、レバノン、エジプトといったアラブ人のイスラム教国によって囲まれた状態になっている。

アラブ人が住むパレスチナにユダヤ人国家イスラエルが建国されて以来、激しく戦ってきた過去があり、この問題は解決することなく現在まで続いている。常に危険・危機と隣り合わせで、否応なしに危機管理を徹底せざるを得ない環境にあることが危機管理能力を高めてきたのである。

切迫した危機感があったからこそ、イスラエルは必要に駆られて危機管理に真剣に取り組んできた。日本のように「平和ボケ」の国では、同じ意識を持つのは難しいかもしれない。しかし、危機がないわけではない。当然のことながら、危機管理をする必要がないわけでもない。

なぜ今、ビジネスパーソンに危機管理が重要なのかは、説明する必要もないほど当たり前なことだが、ここで簡単にまとめておくことにする。

まず、危機管理ができていないと、経営破綻という最大の危機を招き、最悪の場合、大企業であっても倒産することもある。

たとえば、2002年に起こった雪印食品の牛肉偽装問題では、同社の対応のまずさによって、最終的に解散に追い込まれている。自治体といえども例外ではない。北海道夕張市は、「ヤミ起債」といわれた隠れ借金を重ねた結果、財政破綻した。

個人も企業も地方自治体も危機管理が甘ければ、経済的には破綻、安全面では大ケガ、最悪の場合は死亡することさえある。

こうした最悪の事態を招かないためには、企業・団体も個人も危機管理の大切さを認識して、**危機管理ができていないことの「恐さ」を知り、危機感をもって自己責任・自助努力の習慣をつける**ことだ。

リスクマネジメント・危機管理は〝守り〟ではなく〝攻め〟の考え方

リスクマネジメント・危機管理というと、どうしても〝守り〟の姿勢を感じるだろう。しかし、〝危機〟は起こり得るものとして考えたうえで、対策を検討して対応を講ずれば、マイナスとなるダメージを減らすことにより、結果的にプラスの値が大きくなるという〝攻め〟の考え方であると認識することだ。

欧米では以前から危機管理は将来に起こり得る危機の芽をあらかじめ摘み、結果として将来に発生するかもしれないマイナスを少なくするため、「結果的に儲かる」という考え方が主流になっている。

一方、日本では何か不測の事態が起こると、慌てて危機管理部門を設置・強化して、対応にあたるが、ほとぼりが冷めると危機管理部門は解散、その人員や予算は減らされる。そして再びトラブルや危機を招いて、大きな損失を出すといったことを繰り返している。

右肩上がりの高度成長時代なら不祥事やトラブル、危機を生じても、社会全体が大きくプラス成長していたため、多少のマイナス事案があっても小さな傷で済ますことができたかもしれない。しかし、日本はもとより主要国も低成長時代に入り、競争の厳しさが増している今日においては、以前のような甘さは許されなくなっている。実際に、ちょっとした不祥事、トラブルが大きなダメージや損失につながるケースが増えている。

個人が健康に暮らしていくためには、健康なときから健康管理をしっかりと行い、足腰を鍛えておくなどの準備をしていくことが肝要だが、それと同様に、企業や団体も、好調なときほど危機管理をしっかり実施したうえで、自信を持って新しいビジネスチャンスに挑戦することが結果的に利益や発展に寄与することになる。

日本社会にも**危機管理は決して後ろ向きなものではなく、前向きで、〝攻め〟の取り組みであるという考え方を定着させなければならない**。それなくして、企業・団体が発展を続けることはできない時代になっている。

第2章

事例で見る危機発生時のリーダー論

——組織の運命はリーダー次第

多くの人命を失った「セウォル号の悲劇」

危機管理で最も大切にしなければいけないのは〝人命〟である。

それゆえ、トップの決断・行動によって人命の行方が大きく左右されてしまうことがある。その点で対照的な結果になったのが、韓国で起こった「セウォル号事件」と、アメリカで起こった「ハドソン川の奇跡」だ。

2014年4月16日、韓国の大型旅客船セウォル号が海上で転覆・沈没した。多数の高校生を含む乗員・乗客の死者299人、行方不明者5人が犠牲になったことは当時、日本でも大きく報道されたので覚えている人も多いだろう。

船が傾き始めてから沈没するまでに約1時間半の時間があった。船長が適切な決断をして、脱出を指揮していたら全員の命が助かった可能性は十分あったが、このときセウォル号のトップである船長は信じられない行動をした。

海難事故に遭遇した場合、船長は全員の脱出を確認してから最後に脱出するのが当然とされている。しかし、船長は乗客に適切な避難誘導をしなかったばかりか、真っ先に自分

2014年４月16日、韓国・南西部の珍島沖で韓国の客船「セウォル号」は沈没し、修学旅行で乗船していた高校生を中心に多くの犠牲者を出した。韓国では大きな社会問題になった。

自身が船から脱出してしまった。

事故の原因は、過積載とバラスト水の操作、運航会社の問題、不適切な船体改造、船体検査制度の不備などが挙げられているが、多数の死者を出した要因は他でもない船長の行動にあった。

２００９年11月27日に三重県沖で高波を受け海岸に座礁、全損したフェリー「ありあけ」の事故はセウォル号と同じような海難事故だったが、船が大きく傾いた約35分後に、船長が乗客を船内最上部に誘導するよう指示。これが功を奏して、乗客７人と乗員21人は全員無事だった。事故後、事故の原因究明調査を行った運輸安全委員会が

「船長が指揮する態勢ができており、非常時の対応が組織的に行われた」と評したように、船長の指示は人的被害を出さなかったことに大きく寄与した。

ちなみに、「ありあけ」とセウォル号は、同じ日本の造船所で建造されたものだった。

最悪の事態を防いだ「ハドソン川の奇跡」

一方で、絶望的ともいえる危機的な状況に陥りながら、最悪の事態を防いだケースもある。

2009年1月15日ニューヨークのラガーディア空港を離陸したUSエアウェイズ（現アメリカン航空）の1549便は離陸直後、カナダ雁の群れのバードストライク（飛行機への鳥の衝突）に遭遇、両エンジンがフレームアウト（停止）し、飛行高度の維持ができなくなった。

このとき操縦は副操縦士が担当していた。両エンジンの停止後、チェズレイ・サレンバーガー機長は副操縦士と交代して操縦桿を握った。同時に空港管制に対し、状況の報告と非常事態を宣言した。

ハドソン川に不時着した直後のUS1549便。翼の上に人影が見える。(© Greg L)

サレンバーガー機長は近くの空港への緊急着陸を目指し、その時点での進行方向の延長上にあるハドソン川の対岸にあるテターボロ空港へ着陸しようとした。しかし、高度と速度を勘案した結果、テターボロ空港への着陸は不可能と判断する。そして、被害が甚大になる市街地への墜落を避けるため、ハドソン川への緊急着水を決断して管制官にその旨を宣言した。

その後、ジョージ・ワシントン・ブリッジをギリギリで回避しながら高度上げて減速し、着水間近に客室に対して「衝撃防止」とのみアナウンスした。

トラブル発生から約３分後、１５４９便

冷静な決断によって、多くの乗客の命を救ったチェズレイ・サレンバーガー氏。

は、まるで滑走路へ着陸するかのごとく、ハドソン川に時速約270㎞で滑るように着水した。機体損傷は後部壁下部の一部だけだった。

乗員・乗客は機内から救命いかだになる構造の脱出シューターで迅速に脱出し、キャビンアテンダントは乗客を両主翼上に避難させた。

機長とキャビンアテンダントらは決められた手順に従って非常事態にも冷静に対処した。機長はすでに浸水が始まっていた機体後方まで行き、機内に残っている乗客がいないかを2度も確認。すべての乗員・乗客が脱出したのを確認してから最後に自分も脱出した。

事故調査におけるシミュレーションでの検証では、「エンジン停止後すぐに空港へ向かっていた場合は、緊急着陸は可能だった」ことが判明した。しかし、これは「エンジン停止後、チェックリストなどをせず即空港へ引き返した場合」という条件付きであった。

のちに「チェックリストなどを実施したうえで空港へ引き返す」という条件で複数のパイロットがシミュレーションを実施したところ、全員が空港到着前に墜落する結果となったという。中には市街地に墜落したケースもあり、地上を巻き込んだ大惨事になっていた可能性もあった。

この事故の当日、私はホノルルに滞在していたこともあり、アメリカの各テレビ局のニュースをかぶりつくように見ていたことを鮮明に覚えている。

緊急着水から数時間後のテレビの画面にはすでに「Miracle on the Hudson（ハドソン川の奇跡）」の文字が浮かび上がっていた。翌日のテレビではこうした事態に遭遇した場合に生き残るためにはどうしたらいいかと「How to survive（どうすれば生き残れるか）」というテーマでその方法を報じていた。

日本に帰ってから「ハドソン川の奇跡」の事故に関して、民放テレビ局の報道番組に出演してコメントする機会があった。そこで私は、次のようにコメントした。

「同じ機長としてサレンバーガー機長の素晴らしかったことは、墜落寸前という非常事態で飛行機をコントロールする前に、自分自身をコントロールしていたことだ。延長線上にあるテターボロ空港にいったん向かいかけたが、万が一、空港に到達できなかった場合は、地上の人家を巻き込んで大惨事になる。ハドソン川に着水すれば、飛行機をダメにすることに加え、乗客・乗員の犠牲者を出す可能性は十分ある。なぜ空港に向かうことをしなかったのかという指摘もあるだろうが、市街地を巻き込んだ大惨事という最悪の事態を防ぐために、「あえて着水という（乗客や航空会社など）嫌われる決断をしたことが素晴らしかった」

リーダーは危機に遭遇した場合に、嫌わる決断を求められることがある。リーダーの真価が問われるのは、平時よりむしろこのような危機的状況に遭遇した場合のあり方だ。

なぜ、私はサレンバーガー機長が自分自身をコントロールできていたと思ったのか。

その根拠は、サレンバーガー機長と管制官とのコミュニケーションの録音を聞いたときの機長の落ち着いた声からである。人は突発的に非常事態になると、上ずった声で早口になる傾向がある。しかし、機長の声は腹の底から出る落ち着いた声だった。これは意識して自分をコントロールしていないとなかなかできないことである。

私は経営トップや組織のリーダーを前に講演することが多いが、そのときによく言うことがある。

「突発的なトラブルや危機的な状況に遭遇すると、人はどうしても早口で上ずった声になります。そうなってしまうと、自分自身が冷静さを失うだけでなく、それを見ていた部下たちもパニック状態になって状況がさらに悪化します。そんなときに組織のトップやリーダーは、２～３秒でいいから少し間を置き、意識して腹の底からゆっくりと話すことを心がけてください。そうすれば自分自身をコントロールできるだけでなく、部下たちも浮足立つことはありません」

サレンバーガー機長の落ち着いた声は、自分自身だけでなく、周囲の乗員たちの落ち着きをもたらしたに違いない。そのため、副操縦士やキャビンアテンダントたちは訓練時にやっていたことを、いつものように落ち着いて実行できたのではないかと思っている。

経営破綻した日本航空をV字回復させた稲盛和夫氏

船や飛行機だけではない、企業の運命もリーダー次第である。これも確信をもって言えることである。

私は１９９０年代半ばに、京セラや第二電電（現ＫＤＤＩ）の創業者として知られる稲

図表 2-1　人生・仕事の結果の要素

人生・仕事の結果＝
能力×情熱×考え方の姿勢

盛和夫氏の講演を聴く機会があった。そのときに稲盛氏のふたつの話が強烈に印象に残っている。

まず、ひとつは「**会社の業績が悪いのは、従業員でも役員でも副社長でもない。ひとえに社長である**」という言葉だ。

当時、日本航空の機長であった私は、1カ月の半分は機長としてフライトをしながら、半分は背広を着て組織管理職として組織の運営を担っていた。

私は運航中の飛行機の運命は、「最終的には機長というリーダー次第」と薄々は感じていた。稲盛氏の話を聞いて、組織でも「リーダー次第」であると確信できた。

印象に残ったもうひとつの言葉は「**人生・仕事の結果は能力×情熱×考え方の姿勢**」（図表2−1）という言葉である。中でも最も大切なのは「考え方の姿勢」という話だった。

この話を聞いて、私は即座に飛行機と同じだと感じた。飛行機が出発地から目的地に到着するには、飛行機の性能（能力に相当）とエンジンの推力（情熱に相当）、そして飛行機の姿勢のコントロールであると思っていたからだ。「性能」と「推力」が正常に作動していても、パイロットまたは自動操縦による姿勢のコントロールを誤れば、飛行機は目的地には到達できないばかりか、最悪の場合は墜落してしまう。「人生・仕事の結果は能力×情熱×考え方の姿勢」と「飛行機の運航は性能×推力×姿勢のコントロール」がまったく同じことに気づき、「真理というものはいたってシンプルなものだ」と納得したことを覚えている。

ルネサンス期を代表する芸術家レオナルド・ダ・ヴィンチはさまざまな名言を遺しているが、そのひとつに「自然は法則のない結果はひとつもない」という言葉がある。人生も仕事も大きな眼、長い眼で見れば、法則どおりの結果になる。稲盛氏は経営に必死に打ち込んでいるうちに、その経験によって法則を見つけたのではなかろうか。ひとつのことに必死で打ち込んでいると、ひとつの法則を見つけることができるのではないか。稲盛氏の経験に裏打ちされた言葉の得も言われぬ説得力の鮮やかさは今も色褪《あ》せていない。

会社を退職してから、私はさまざまな分野からの依頼で講演を行っている。主催者や聴講者から「小林さんの話は学者の話と違って、経験に基づいているから説得力がありますね」と言ってもらえることがよくあるが、それはパイロットとしての経験や数々の修羅場の経験に裏打ちされた話をしているからなのだろう。

その後、稲盛氏の講演を聴く機会はなかったが、講演テープを買って、何度も聴き返した。そのうちに「この人が日本航空の社長になってくれれば」と思うようになった。

私が長年勤めた日本航空は、日本政府主導による半官半民の体制で設立された経緯があり、1987年11月の完全民営化後も、お役所的な体質は変わっていなかった。私はそのままの体質では、「この組織はいつかダメになる」と感じていた。それと同時に、日本という国と日本航空を重ね合わせて見ていた。

日本の歴史をたどると、日本は黒船がやってくるか、無条件降伏をしないかぎり、自ら改革できないと思っていた。日本航空も日本という国と同じように、外部から黒船のような経営者が来るか、経営破綻という無条件降伏をしないかぎり改革は無理だろうと、組織管理職の立場でありながら、無責任に考えていたのである。

それは現実のものとなった。

2012年９月19日、日本航空は東証に再上場を果たした。左から植木義晴社長、稲盛和夫名誉会長、大西賢会長。

２０１０年１月19日、日本航空は会社更生法の適用を申請して倒産した。そして翌２月に、稲盛氏が日本航空会長に無報酬で就任した。日本国の順序とは逆になったが、経営破綻という無条件降伏を経験したのち、稲盛氏という〝黒船〟がやってきた。

稲盛氏は「ＪＡＬフィロソフィ」を策定して社員の意識改革に取り組み、全従業員の３分の１にあたる１万６０００人の大規模なリストラを断行した。公的資金の投入という助けもあり、翌期には赤字続きだった日本航空はＶ字回復を成し遂げ、営業利益１８００億円を計上した。さらには短期間のうちに有利子負債を返済し、３年足らずで再上場にこぎつけた。

日本は無条件降伏をし、焼け野原から立ち上がった。もともと勤勉で能力も高かった日本人が必死になって働くことにより、やがて驚異的な高度成長を成し遂げた。日本航空も一人ひとりは高い能力を持つ従業員の集まりである。稲盛氏の強力なリーダーシップによって経営層から現場まで意識が改革されたことで、短期間でV字回復を成し遂げたことは、日本の国とまったく同じ経過をたどっている。

ただし、絶頂期にこそ気を引き締めて、より謙虚にならないと危機の芽が生え始めてくる。日本は高度成長期を成しとげ、バブルに浮かれてしまい、そのツケで長引く「失われた時代」に陥っている。日本航空もV字回復したとはいえ、日本国と同じ轍《てつ》を踏まないためにも、トップをはじめ、各組織のリーダーのリーダーシップの基に、フィロソフィーの浸透と、それを行動に活かし続ける組織風土を維持し続けることが同じ轍を踏まないためのカギを握っているのではなかろうか。

トップが稲盛氏に変わっていなければ、日本航空にこの劇的な変化は起こらなかったはずだ。リーダー次第で、どんなに巨大な組織でも大きく変われることを示した好例である。

組織の運命を決めるリーダーのあり方を左右するもの

ここまで挙げた３つの事例から、組織の運命を左右する一端が見えてくる。

まず何といってもリーダー自身の「自己コントロール」である。

セウォル号の船長は取り乱し、乗客を船に残したまま自分だけは脱出してしまった。一方、ハドソン川の奇跡のサレンバーガー機長は、最後まで取り乱すことなく冷静な判断で奇跡を起こした。

そして、危機管理の出発点ともいえる「何を大切にするか」という重要度の選択だ。どちらの事故も最も最優先されるべきは「人命」であった。しかし、セウォル号の船長は、自らの命を最優先し、サレンバーガー機長は飛行機を台無しにしてまでも乗客と地上の多くの人命を優先した。

優先順位は、「何に価値を置くか」という価値観にも影響される。

物事を考えるうえでは、リーダーのみならず人は誰でも自分なりの「哲学」を持たなければいけない。哲学をポリシーと置き換えてもいいだろう。

稲盛氏は、「京セラフィロソフィ」を参考にした「ＪＡＬフィロソフィ」を策定したことからもわかるように、文字どおり哲学を持っていた。１万６０００人という大規模なリストラを行えば、多くの人から嫌われ、恨みを買うこともあっただろう。日本の航空界に大手航空会社が全日空だけになれば、競争原理が働くなり、利用者、国民にとって不利益になる。それは避けなければならないという考えと、日本航空という組織の生命、残った従業員の雇用を大切にしたいと思いで、不可能と言われた日本航空の再生をあえて無償で引き受けたのは、氏の哲学がその根本になったものと想像できる。

稲盛氏のすごいところは、その人事にも如実に表れている。危機管理を突き詰めていくと人事管理に行き着く。それもトップの人事を誰にするかである。稲盛氏は再生した日本航空の次のトップに、社内のしがらみがなく、かつトップに求められる必須の条件である、決断力のある元機長の植木義晴氏を指名した。トップの最大の課題は、組織の存続と次にトップを誰にするかを決めることだ。これは動物たちが生き延びる、そして種族を保存するという危機管理の基本中の基本ではあるが、一般にはなかなかできないことだ。それを実行していることのすごさである。

サレンバーガー機長に直接話を聞いたことがあるわけではないので推測の域を出ないが、彼は「困難から逃げない」「航空機の機長である以上、乗客の命は必ず守る、どんなことがあっても最悪の事態を防ぐのだ」といった確固たる考えを持っていたに違いない。

人にはそれぞれ役割がある。その役割に応じた「使命感」が求められる。

危機的状況において、サレンバーガー機長と稲盛氏にあって、セウォル号の船長になかったものは、リーダーとしての役割を果たす使命感、そして多くの生命を救うためには目先嫌われる決断も辞さない「勇気」、自分が決断した結果をすべて受け容れる「覚悟」だった。

リーダーたるもの危機においては、「何を大切にするか」という「重要度の選択」、「使命感」、「勇気」そして「覚悟」が必要なのである。

第3章

OODA時代に求められる役割遂行型リーダーシップ

今、求められているのは役割遂行型のリーダーシップ

危機が起こったとき、リーダーの危機管理能力の違いによって、組織のみならず人の運命は変わるが、いったい危機管理能力とはどんなものなのだろうか。それは次のふたつにシンプルに集約できる。

- ・危機を未然に防止できる力
- ・危機が発生した際の最悪の事態を防ぐ被害局限対応できる力

長年、イタリアに住み、古代イタリアを中心とした歴史小説を多数執筆している歴史小説家塩野七生氏は著書の中で、理想的なリーダーの資質として、古代ローマの英雄ユリウス・カエサル（英語読みでは、ジュリアス・シーザー）を引き合いに出しながら次の5つの要素を挙げている。

・知力
・説得力
・肉体的耐久力
・持続する意志
・自己制御

知力は「理性」、説得力は「コミュニケーション力」、肉体的耐久力は「健康管理」、持続する意志は「持続する強い目的意識」と同じものである。決断力については、塩野氏はリーダーとして求められる資質として当然過ぎるから、あえて触れる必要はないとしている。

つまり、「決断力」はリーダーに求められる最低条件ともいえる。古代ローマ時代からリーダーに求められていた普遍的な条件であるといってもいいだろう。

図表3-1　作家・塩野七生氏によるローマ時代のリーダーの条件

・**知力**＝理性
・**説得力**＝コミュニケーション力
・**肉体的耐久力**＝健康管理
・**持続する意志**＝持続する目的意識
・**自己制御**＝自己コントロール

「自己制御」、すなわち「自己コントロール」は私が感じているだけでなく、塩野氏もリーダーに求められる大切な資質であることを自身の歴史小説の中で述べている。

塩野氏による理想的なリーダーの資質と、私がリーダーに不可欠な条件と考えているものは相通じている。古今のさまざまな厳然たる事実からも、組織の運命はリーダーのリーダーシップ次第であることは疑う余地がない。危機管理とリーダーシップは切っても切れない密接な関係にあるのだ。

では、現代において、求められるリーダーシップとはどんなものなのだろうか。

私は、これまで経済団体や企業向けなどの講演で強調してきたように、**「役割遂行型リーダーシップ（Functional Readership）」**だと思っている。そして、私はこう考える。

「リーダーは偉いわけではない、単なる役割である」

たとえば、プロ野球では、ピッチャーの分業制が進んでいる。その結果、投手は先発、中継ぎ、セットアッパー、抑えといった役割が明確になっている。船では船長がいて甲板部には一等航海士、二等航海士、三等航海士、甲板部員、機関部には機関長がいて、一等機関士、二等機関士、三等機関士、機関部員、さらに司厨員がそれぞれの役割を持って船の運航が成されている。人体組織も心臓、肺、胃、腸などの各器官がそれぞれの役割を果たしてこそ健康体を維持できる。

企業・団体の組織において、その構成員一人ひとりがそれぞれの役割を確実に果たすために求められるのが「役割遂行型リーダーシップ」だ。企業・団体の組織もまったく同じで、一人ひとりがそれぞれの役割を確実に果たす、遂行することにより健全な組織運営ができる。

ラグビー日本代表は役割遂行型のチームだった

2019年9月に日本で開催されラグビーワールドカップで、日本が優勝候補の一角であるアイルランドに劇的な勝利を収めたことは、「役割遂行型リーダーシップ」が結果に直結することを証明してくれる出来事だった。

主将のリーチ・マイケル選手は、試合後の記者会見で次のように述べている。

「日本チームの勝利の要因は、一人ひとりが役割を果たしていたからだ」

ラグビーは出場している15人が勝利という目的に向かって、それぞれが自分の役割を必死になって果たしながらチームワークを発揮するスポーツである。15名のポジションの役割を動物にたとえると、象、キリン、イノシシ、ゴリラ、ライオン、チーター、サル、虎、タカなど、そして人間の特徴を持った選手がいる。つまり、大きい人、小さい人、馬力がある人、俊敏な人、走るのが速い人、指令塔になる人がいる。日本チームは、「ワンチーム（One Team）」というフレーズを盛んに使っていたが、まさしくそれぞれの特徴を持った人たちが、ひとつのチームになっていた。「役割遂行型リーダーシップ」の発揮こそ「ワンチーム」である。ラグビー日本代表が、それを実証してくれた。

サッカーや野球とは違って、ラグビーでは監督はベンチに座ることはできずにスタンドから試合を見なければならない。試合中は、原則的に監督は選手に指示を出せないのだ。試合が始まれば、基本的に選手だけで戦うことになる。

その際に重要な役割を果たすのがキャプテンだ。さまざまな局面でキャプテンが指示を出し、さまざまな決断をする。それゆえに、ラグビーはスポーツの中でもキャプテンシーが重視される。

２０１５年ラグビーワールドカップ・イングランド大会で、日本は2度の優勝経験がある南アフリカに奇跡的な勝利を収めた、いわゆる「ブライトンの奇跡」を起こした。このとき、キャプテンであるリーチ・マイケル選手の勇気ある決断があったことはよく知られている。

試合終了間際、日本は29対32で負けていた。トライ（５点）を取れば逆転勝利、ペナルティゴール（３点）を取れば引き分けという局面で、日本は敵陣深くに攻め込んだ。すると、南アフリカが反則を犯した。この段階で残り約１分。ペナルティゴールを狙えばほぼ確実に引き分けに持ち込むことができる。このとき、当時のエディ・ジョーンズ監督は「ペナルティゴールを狙え」と思っていたという。

世界屈指の強豪国である南アフリカに勝てなくても引き分ければ、日本は世界中から称賛されるほどの奇跡的な結果といえた。それにもかかわらず、リーチ選手は、「引き分けでは歴史は変わらない」とスクラムを選んだ。スクラムを選ぶということは、ペナルティゴールよりもはるかに難度が高いトライを狙う――つまり、逆転を狙ったということだ。

このキャプテンの勇気ある決断に対して、反対する気持ちになった選手はいなかった。そしてラストワンプレーで、カーン・ヘスケス選手がトライに成功し、奇跡の逆転勝利というドラマチックな結果になった。チームをひとつにする決断をしたリーチ選手はまさしく「役割遂行型リーダーシップ」をとっていた。

もしトライに失敗して「なぜ引き分けを狙わなかった」と監督に批判されても、おそらくリーチ選手が反論することはなかっただろう。決断した時点で、トライできなかった場合にその責任を負う覚悟はできていたはずだ。

一方で、エディ監督がリーチ選手をキャプテンに選んだことがいかに正しかったかを証明した場面でもあった。

リーダーシップに求められる「EQ」とは何か

リスクマネジメントや危機管理の能力として求められるのは、いわゆるＩＱ（Intelligence Quotient：知能指数）ではない。むしろ、ＥＱ（Emotional Intelligence Quotient：心の知能指数）と密接な関係があるといわれている。ＥＱは自己や他者の感情を知覚し、また自分の感情をコントロールする知能のことで、「心の豊かさ」「器の大きさ」と言い換えてもいいだろう。

ＥＱを構成する要素には、以下のようなものがある。

①自己認識（自分の役割・使命・置かれた状況・心理状態など）
②自己統制（自己コントロール：Self-Management）
③モチベーション（目的意識・使命感・重要度の把握など）
④共感性（部下や周囲の心理を推し量る・相手の立場を考えるなど）
⑤社会的スキル（コミュニメーションスキルなど）
⑥状況認識・状況判断スキル
⑦意思決定スキル
⑧自律性（自助努力・自己責任）

学生時代から企業・団体に採用されるまではＩＱ、すなわち「頭の良さ」が重視される。しかし、いったん就職してしまうと、ほとんどの職種で頭の良さだけが仕事上の有能さを決めるわけではないことをみなさんも感じているはずである。

実際、経営者と話していると「業績の70％以上はＥＱが関係する」とか、「頭のいい人（ＩＱが高い人）よりもＥＱが高い人のほうが出世する」といった主旨の話をされることは少なくない。

トップやリーダーは、効果的なリソースマネジメントを実施して成果を上げるうえでもＥＱレベルを向上させる必要がある。

ＥＱを磨くためにすべきこと――航空業界で発展したＣＲＭから学ぶ

ＥＱは、先天的なものではなく、本人の心構え、努力、経験、環境などによって育《はぐく》まれる後天的なものだ。

ＥＱの概念は比較的新しい。１９９０年代半ばごろにアメリカで注目されるようになり、ダニエル・ゴールマン氏の『Emotional Intelligence-Why It Can Matter More Than IQ』日本語訳『ＥＱ-心の知能指数』が出版されてベストセラーになった。以降、アメリカのビジネス界では、ビジネスの成功は少なく見積もっても75％はＥＱの貢献によると言われるようになった。

日本では１９９８年に初めて東京でＥＱのシンポジウムが開催された。全国から約５５０名の人事や総務担当の役員・部長クラスの人が参加したが、当時、航空会社の運航安全推進部長であった私も自費で参加した。それまで知らなかったＥＱの概念とその有効性に衝撃を受けて帰ってきたことを覚えている。

ところで、航空業界では１９８０年代から事故を防止し、安全で効率的な運航を達成するためにヒューマンファクター（人的要因：Human Factors）の視点からさまざまな取り組み行ってきた。その中心的なものが、利用可能なすべての人的リソースとハードウェアおよび情報などを効果的に活用するＣＲＭ（クルー・リソース・マネジメント：Crew Resource Management）と呼ばれる考え方だ。かつてはコクピット・リソース・マネジメント（Cockpit Resource Management）と呼ばれていたことからもわかるように、航空業界で発展したリソースマネジメントの概念である。

欧州航空安全機関（ＥＡＳＡ）では次のように定義している。

ＣＲＭとは、安全で効率のいい運航のため、一人ひとりや航空機のシステム、援助施設とその人員を含めたすべてのリソース（資源）を効果的に利用することである。CRMの目的は、関係する乗員のコミュニケーション、相互作用、人的要因、マネージメントスキルをより高めることである。そして、乗員のパフォーマンスのうち、ノンテクニカルスキルの側面を重視するものでもある。

ここで「ノンテクニカルスキル」という言葉について触れておきたい。

業務や安全を支えるスキルには、専門分野の知識や技術である「テクニカルスキル（専門技術）」と業種・職種にかかわらず共通の「ノンテクニカルスキル（非専門技術）」があり、これがふたつのいずれかが欠けても円滑な業務や安全を担保できない。

ノンテクニカルスキルとは、コミュニケーション、チームワーク、リーダーシップ、状況認識、意思決定などのさまざまな能力を包含した含む技術のことである。このことからもわかるようにノンテクニカルスキルは、仕事だけでなく、日常生活などにも活かせる普遍的な能力ともいえる。

パソコンに置き換えて考えてみれば、ＯＳに当たるものが「ノンテクニカルスキル」、

図表3-2　ＣＲＭの主な要素

- **効果的なチーム形成・維持**
- **リーダーシップ**
- **仕事の配分**
- **状況認識とその共有**
- **意思決定（問題解決）**
- **コミュニケーション**

アプリケーションに相当するものが「テクニカルスキル」といえるかもしれない。

歌手であれば「歌う技術」、サッカー選手であれば「蹴る技術」、営業マンであれば「売る技術」といったように、どんな職種でも「テクニカルスキル」は重視される。これは考えるまでもなく当然である。違った見方をすれば、テクニカルスキルは個人能力によるものが多く、属人的な要素が強い。つまり、歌うことやボール蹴ることを反復して練習するなど、自分ひとりだけでも獲得できるスキルが多い。

一方、ノンテクニカルスキルは、コミュニケーションやチームワークなど含むことからもわかるように、自分ひとりだけでは獲得できない能力だ。

欧州航空安全機関（ＥＡＳＡ）の定義にもあるように、ＣＲＭでは「ノンテクニカルスキル」を重視する。それはすなわち、チーム、組織としてのスキルアップが効率的な業務や安全のために必要ということである。

ＣＲＭは時代の変遷とともに変化しながら発展してきたが、その内容は一貫して、航空機の運航において発生するヒューマンエラーの影響を最小限にすることにある。

こうした航空業界の取り組みは、１９８５年に日航機が群馬県の御巣鷹山に墜落して、乗員乗客５２０人が亡くなった事故以来、２０１９年12月現在まで国内では乗客の死亡事故は１件も起きていない。技術の進歩やテクニカルスキルのみならず、ノンテクニカルスキルの向上に努めてきたことも大きく貢献している。

私自身、42年間のパイロット人生において無事故を完遂できたのは、チームとしてのリソースマネジメントができた証左ではないかと思っている。フライトという業務におけるノンテクニカルスキルを向上させるには、業務中だけでなく、日常生活からノンテクニカルスキルを磨くことを心掛けておく大切さを感じていた。

航空業界から生まれたＣＲＭは、特にパイロットや整備士においては、その資格維持条件のひとつになっており、航空機の安全運航を確保するためのリスクマネジメント・危機管理に大きく貢献している。

近年、ノンテクニカルスキルは医療界をはじめ、安全に影響する業種でも取り組み始めており、私はそうした業界からの講演依頼の機会が多くなってきている。ノンテクニカルスキルはまさにＥＱそのものである。そして、安全管理、リスクマネジメント・危機管理だけでなく質の高い業務を行うために必須のものである。

２０１９年11月29日に１０１歳で亡くなった、戦後の首相の中でも評価が高い中曽根康弘元首相が生前に大切にしてきたことは「人との絆、関係を大切にすること」であった。中曽根氏は首相在任中に「戦後政治の総決算」を掲げ、電電公社、専売公社、国鉄の「３公社」を民営化させた。それができたのは、ＣＲＭとリーダーシップを発揮したからではないかと、私は考えている。

本書は、主にリスクマネジメント・危機管理におけるリーダーシップについて述べているが、それは同時にＥＱを鍛えるための内容にもなっている。その視点を持ちながら読み進めていただければ幸いである。

リーダーはメンバーの個性や性格でなく行動を評価する

リーダーは、メンバーにそれぞれの役割をしっかりと認識させ、それを確実に遂行させなければならない。そして、気づいたことやおかしいと思ったことなどを、誰もが口に出せる雰囲気をつくり、それを維持する責任がある。また、メンバーに対して、与えられた役割を確実に遂行し、自分なりに不安だと思ったことや「こうしたほうがいい」「これはおかしい」と思ったことを、プロとして口に出して言う責任があると自覚させることも重要だ。

リーダーは、たとえメンバーの発言が的を射ていなくても、発言に対して「ありがとう」を言える度量はほしいものである。かくいう私も「ありがとう」と言えたからこそ、みんなから助けてもらってここまでくることができたのではないかと思っている。

上司から「うるさい」「違う」と言われても、おかしいと思ったことや気づいたことを口に出せる組織になれば、自然と不祥事などはなくなるはずである。そのような雰囲気をつくり、それを維持できる人間力がリーダーに求められる。やや抽象的な言葉になるが、人間力とは「人間としての総合力」である。人はそれぞれ個性があるので、「総合力」にはいろいろなかたちがあっていい。

また、部下たちの個性と性格に「良い」「悪い」はない。あえて「良い」「悪い」を言うならば、その使い方だ。個性や性格、特徴を活かせるか、活かせないかはリーダーのリソースマネジメントにかかっている。

リーダーがやってはいけないのは、「性格を直せ」と注意したり、逆に「性格がいいね」と褒めることだ。これらをしてしまうと、チームの活力、チーム力の低下につながる。個性や性格でなく、行動自体を褒めたり、注意するのが鉄則である。

第4章

OODAの概念——リスクマネジメント・危機管理のための意思決定ループ

4つのフェーズから成る「OODA」

「はじめに」でも触れたように、OODAはリスクマネジメント・危機管理を行ううえで有効な考え方である。OODAは、PDCAと同じように4つのフェーズからなり、それらをループさせていく。ここでは、次に挙げるOODAの各フェーズがどのような役割をするのかを簡単に説明していく。

・観察（Observe）
・状況判断（Orient）
・意思決定（Decide）
・行動（Act）

①観察（Observe）――5つの眼で状況を把握する

OODAの最初のOは、オブザーブ（Observe）で、「観察、モニターする、情報収集」

という意味である。

「観察」は、このあとに続く、状況判断（Orient）、決定（Decide）、行動（Act）の出発点となるため、ＯＯＤＡの成否を左右するといってもいいほど重要なフェーズになる。

では、具体的に「観察」とは何をするのか。

ビジネスシーンにおいては、社内の風土、雰囲気、市場、顧客者動向、社会情勢、景気動向、為替・金利動向、政治情勢、人事情報、気候など、目的遂行に直接的、間接的に影響する要素について情報収集して観察することである。

このように文字にしてしまえば、「観察」と表現になってしまうが、正しいモノの見方が備わっていなければ観察はできず、ＯＯＤＡのサイクルは始まらない。具体的には、「虫の眼」「鳥の眼」「魚の眼」「コウモリの眼」「心眼」の5つの眼を使って物事を見ていくことになるが、この点については第5章で詳しく説明する。

②状況判断（Orient）――意思決定をする前に方向性を見出す

オリエント（Orient）は、日本人にとっては聞き覚えがありながら、意味が少しわかりづらい言葉かもしれない。名詞なら「東洋」という意味になるし、動詞なら「（新しい環境に）適応させる、方向付ける」という意味になる。入学したばかりの学生を相手に各大学が開催するオリエンテーション（Orientation）も、オリエントに由来するといえば、わかりやすいかもしれない。つまり、「Orient」は、この先はどうなるか、どのような方向に向かっていくのかの「方向付け」をすることで、具体的には、状況を的確に判断する「状況判断」のことである。「観察」によって現状を把握したうえで、この先はどうなるかを予測して「状況判断」する方向性を見出すのである。

ちなみに、私はオリエントを、「状況認識」という意味で「Aware」に置き換え、「ＯＯＤＡ」ではなく「ＯＡＤＡ《オアダ》」と言うこともある。いずれにしろ「状況判断」は、このあとの「意思決定」に直接結びつくフェーズのため、先入観や思い込みなどを排除して冷静に対処する必要がある。詳しくは第6章、第7章で説明していく。

③決定（Decide）——きっぱりと決める

文字どおり意思決定するフェーズだ。

その前に意思決定とは何かを簡単に説明しておきたい。意思決定は次に挙げることを「きっぱりと決めること」である。

・これから何をするか
・何をしないか
・何をやめるのか

言葉で「きっぱりと決める」と書いてしまうと、いかにも簡単そうに見えるが、日本人は覚悟をもって、何かを決められない人が多い。第8章では「決断」と「判断」の違いなどに触れながら、「きっぱりと決める」ことの重要性や意義について説明する。

④行動（Act）――大胆に実行する

ＯＯＤＡもＰＤＣＡも最後は「Act」であるが、ＰＤＣＡの「Act」は「改善」「見直し」であるのに対して、ＯＯＤＡは意思決定したことを果敢に「行動」することである。この点においてて違いがある。「行動」があって、はじめて結果が生まれる。ＯＯＤＡにおける「意思決定」は目的実現のために「行動する」のためのものである以上、「意思決定」と「行動」は不可分である。

このときに考えなければならないのが、平時のＰＤＣＡと緊急時のＯＯＤＡでは、意思決定から行動するまでの時間軸が異なる点だ。

緊急時には、意思決定から行動するまでに時間的な余裕がない場合が多い。危機管理においては意思決定をしてから即座に行動ができなければ、その結果は大きく変わってしまうことがある。「決断」―「行動」のタイムリミットからの逆算したタイムマネジメントが必要になる。当然ながら、やり直しや迷っている時間はない。それゆえ、「行動」に至るまでのフェーズで入念な準備をしておくことが大切だ。そして、ときには無駄と思えるようなレベルまで準備をしておいて、行動するときに何が起こっても悲観的にならないようにすることである。もっといえば、自分で決めたことを大胆に、そして楽観的に行動に移すことが求められる。

第９章では、私が修羅場で決断した事例などを交えて、どんな行動をすべきかについて説明している。

ＯＯＤＡループを回せば、失敗を活かすことができる

ＰＤＣＡと同様に４つのフェーズから成るＯＯＤＡループを回して中長期的な課題や失敗を克服していくことで、リスクマネジメントの強い体質になっていくことができる。

その参考事例として86ページ以降で、私が実際に関わったＮＡＳＡ（アメリカ航空宇宙局）とボーイングのふたつの事例について紹介していくが、ふたつの事例ともに、「観察（Observe）」と「状況判断（Orient）」、そして「決定（Decide）」の段階が甘かったことが、事故という失敗の要因になっている。事故後は、透明性と多様な意見や批判をもとに「観察（Observe）」「状況判断（Orient）」というＯＯＤＡループにおける重要な出発点である、ふたつのフェーズを両者ともに強化している。

短時間での意思決定を１回のＯＯＤＡで行うことと同時に、ＰＤＣＡと同様に、ＯＯＤＡでも失敗を活かしてより良くしたり、あるいは中長期的に時間的なスパンがある事柄についてもＯＯＤＡループを回すことで、組織・個人にかぎらず、体質の強化、質の向上に

つなげることができる。

問題は日本の失敗を認めない風土

日本には失敗を認めず、失敗を徹底に糾弾《きゅうだん》し、一度失敗すると復活が難しい社会風土が依然として残っている。しかし、現実の社会は未来志向で積極的に行動すれば誰にでも、どの組織でも失敗はつきもので、まったく失敗しない人や組織などはないことを誰もがわかっているはずである。

一方、アメリカなどのスタートアップでは、「フェイル・ファスト（fail fast）」とよく言われる。「誰よりも早く、多くの失敗しなさい」という意味である。新しい事業を立ち上げるときや前例がないことに取り組む際、どんなに優秀でも、まったく失敗せずに順風満帆に何もかもが進むことなどない。アメリカでは、人間も組織も製品も失敗から学ぶことでより良くなるからこそ、早く失敗して、それを糧《かて》に早く成長することを目指そうとしているということだ。失敗を恐れることよりも、失敗しないことへの恐れのほうがよほど大きいという気持ちが表れているのではないか。

日本企業でも「トライ・アンド・エラー」「失敗は成功のもと」という言葉をよく耳にするが、口先だけのケースも多いのではないだろうか。失敗を許容できない気持ちがあれば、失敗する可能性が高いチャレンジをするよりも、無難な道を選択しがちになる。それでは大きく伸びることも、リスクマネジメントや危機管理に強くなることは難しい。

失敗を恐れる日本人のメンタリティを変えることは難しいかもしれないが、「フェイル・ファスト」の精神も頭の片隅に置きながら行動を変えていく努力は必要だろう。ハーバードビジネススクールでは、学生を選ぶ際のポイントとして「失敗を活かせること」を重要なポイントとして挙げているほどだ。

私は、日本人がＯＯＤＡループを回す中で犯した失敗を活かして、これまで以上にリスクマネジメントや危機管理に強い体質になることを期待している。

事例① NASAに学ぶ 失敗からの回復力とフロンティア精神

2003年2月1日、アメリカの宇宙船スペースシャトル・コロンビア号が28回目の飛行を終えて地球への帰還に向けて大気圏に再突入する際、外部燃料タンクの熱防護システムから部品が脱落したことが原因でテキサス州とルイジアナ州の上空で空中分解し、7名の宇宙飛行士が犠牲になった。

続く29回目の飛行には日本人宇宙飛行士の野口聡一氏が搭乗する予定だったが、その29回目の飛行まで、NASAは事故の原因究明と再発防止のための対策に2年を費やした。

日本でも野口氏の搭乗を控え、JAXA（宇宙航空研究開発機構）が「日本人宇宙飛行士安全検討チーム」を立ち上げた。当時、日本航空の運航安全推進部長であった私は、宇宙開発に関してはまったくの素人であるが、リスクマネジメントの視点からと、ＮＡＳＡの安全文化について意見を述べさせていただいた。

検討会では、ＮＡＳＡから送られてくる分厚い事故調査の途中経過、再発防止対策などを数回にわたって検討した。

守秘義務上、具体的なことは述べることはできないが、再発防止策の具体性、失敗、リスクを乗り越えて前に進むＮＡＳＡの姿勢、アメリカのフロンティア精神にすごさを感じるだけでなく、日本の常識との違いの大きさにただただ驚くばかりであった。ずいぶん前に竹村健一氏の「日本の常識は世界の非常識」という言葉が話題になったが、竹村氏の指摘を再確認させられた。

私がＮＡＳＡやアメリカのすごさを感じたのは、まずＮＡＳＡが地球への帰還に失敗した要因をさらけ出す「透明性」だ。もうひとつは、「対策の具体性」である。

ＮＡＳＡから送られてくる再発防止の「実行計画」を見ると、それぞれの項目ごとに「どの組織が責任を持って何をいつまでに仕上げる」と明記されている。これは各組織の役割と状況を判断し、責任の所在を明確にし、先を見越して方向性を把握したＯＯＤＡの状況判断（Orient）にある。私見ではあるが、各項目には優先順位が設定されており、事故に至る可能性が極めて低いものについては、完璧でなくても〝GO〟という、ある種の割り切りが読み取れた。これも、状況判断（Orient）に基づいた決断（Decide）のOODAループの実践になる。

事故が発生すると「誰が悪かったのか」と責任を追及しないと収まらない、江戸時代からの勧善懲悪の風土が残る日本との違いを感じざるを得なかった。

さらにアメリカのすごさは、事故当日のブッシュ大統領の声明である。

その主旨は「痛ましい出来事が起こり、コロンビア号が失われ、生存者はいないが、宇宙への旅は今後も続きます」と、事故の発生に関係なく、アメリカは宇宙開発計画を継続することを宣言したものだった。

2003年7月に行った世論調査では、アメリカ国民の3分の2がスペースシャトルの飛行を続けるべきだとし、引き続き宇宙開発の予算投入に対する賛成者は4分の3に達した。ひとりでも犠牲者が出ると、プロジェクト、計画がストップしてしまう日本とは異なり、失敗、犠牲を乗り越えて前に進む、西部開拓時代から脈々と続くアメリカのフロンティア精神には感心するばかりである。

他方、「透明性」は、短期的には当然、デメリットがある。内部からの反発だけでなく、メディアなどの外部から叩かれ、その対処に苦慮する局面も出てくるだろう。

しかし、この程度のことならあえて公開する必要はないと判断して、それがのちに露見すれば、「隠蔽《いんぺい》した」と厳しく叩かれ、体質自体を非難される。今の時代、起こったことは隠せない時代だ。多少の傷を受けることを覚悟してでも公開するべきだ。叩かれれば、二度と同じようなことを起こしたくないと、懸命に改善の努力する。それにより、その組織はより強い体質になる。

1986年1月のスペースシャトル・チャレンジャー号の事故、コロンビア号の事故という失敗を乗り越えて強くなった背景には、その透明性があるのではなかろうか。

そして、リスクマネジメント・危機管理体制を強化し、事業を発展していくためには感情を優先するのではなく、合理性を優先して初めてその成果を期待できることを、この検討会のチームの一員として学ばせていただいた。

事例② ボーイングに学ぶ 高い透明性による体質強化と安全性の向上

２０１８年10月29日にインドネシアのＬＣＣ（格安航空会社）ライオン・エア６１０便が首都ジャカルタ近郊にあるスカルノ・ハッタ国際空港から飛び立つと12分後に海に墜落した。それから半年も経たない２０１９年３月にはエチオピアの首都・アディスアベバ近郊にあるボレ国際空港発のエチオピア航空３０２便が離陸して６分後にレーダーから消え、墜落した。いずれも多数の犠牲者を出した。機体はいずれも最新のボーイング７３７ＭＡＸ（以下、７３７ＭＡＸ）であった。

２０１９年12月時点で、前者の事故については最終的な事故調査報告書はすでに公開され、後者については暫定的な報告書が公開されている。

旅客機は何重もの安全対策を施してあるため、ひとつの要因が事故につながることはほとんどない。具体的な詳細は事故調査報告書に任せることにするが、事故に至った主なポイントは以下のことが考えられる。

まず、ＭＣＡＳ（操縦特性補助システム）のソフトの設計において、ふたつあるＡＯＡというセンサーのひとつしか使用しない設計上の甘さがあった。それを承認したＦＡＡ（アメリカ連邦航空当局）の緩さもあった。ふたつの事故は、ひとつのセンサーが間違ったシグナルをシステムに送り、そのためにＭＣＡＳが誤作動し、さらにパイロットの不適切な対応などが重なって事故につながったことが飛行データから読み取れる。

ふたつの事故を受けて、ＦＡＡをはじめ各国の当局は、７３７ＭＡＸの運航停止を決定した。ボーイングはこれによりソフトを改修し、ふたつのセンサーを採用し、ふたつのセンサーに差が生じた場合は、ＭＣＡＳは作動しないため、ＭＣＡＳが誤作動することはなく、ふたつのセンサーが一致してある値以上になった場合にはＭＣＡＳが作動してパイロットはより安定した操縦ができるようになった。

私はソフトの改修後、２０１９年5月にシアトルのボーイングに行き、シミュレータで操縦体験をする機会に恵まれた。その際に、改修後の７３７ＭＡＸの安全性に問題ないことを確認した。そして、6月ごろには運航再開の見通しに関する一部の報道が出始めた一方で、「737MAXは危ない機体だ」というコメントの報道も出ていた。

737という機体は1957年に運航が開始されて以来、50年以上にわたって世界各国の航空会社で採用され、最も多く使用されている機体であるといってよい。今回の2件の事故は機体自体の不具合ではなく、ソフトの不具合、整備、パイロットの対応のまずさなどが関与した事故である。ソフトが改修され、パイロットの訓練内容などを見直せば、早期に運航再開となるはずであるが、2019年12月時点で、まだ運航が再開されていない背景には以下のようなことが考えられる。

アメリカの議会の公聴会で、ボーイングのソフトの設計の甘さ、それを承認したFAAの緩さが指摘され、エチオピア航空事故で犠牲になった家族の写真をもって傍聴する人の姿がメディアで放送されたことなどで、FAAが非常に慎重になっていることがある。また、各国の航空当局がさまざまな意見を述べている。ボーイングは改修したソフトでシミュレータを使用して何度も確認するとともに、改修後のソフトでの飛行データを、166機で合計266回集める作業をしている。FAAもシミュレータでパイロットのワークロードなど、ヒュマンファクターの視点からのデータを集める作業などに時間を要していた。

２０１９年12月になり、ようやく運航再開の見通しがたったのか、同月３日から４日にかけてシアトルのボーイングで、世界各国から安全担当者や主要なパイロットなど27名が参加する会議と工場見学、シミュレータ体験などが実施された。

日本からは私が参加した。質疑応答ではさまざまな意見が出た。帰国当日には、ＦＡＡのシミュレータによるデータ収集を行う前の早朝の時間帯に、シミュレータを使う枠を取ってもらい、ボーイングのチーフパイロットとともに、改修されたソフトの安全性を再度確認した。

２０１９年12月下旬になってＦＡＡが、「今の時点では運航再開は未定だ」というコメントを出し、ボーイングも「２０２０年１月から７３７ＭＡＸの生産を一時停止する」と発表した。技術的な問題は解決されているはずだ。政治的な要素、手続き上の問題などが残っているが、そう遠くない時期に運航再開があるはずである。

私自身、ボーイング社の航空機には、７２７、７４７、７４７―４００の３機種に乗務してきた。いずれも安定した傑作機といっていい。

技術的な問題以外の要因でこれだけ運航再開が伸びるケースは非常に珍しいが、この間にOODAループをもう一度回すことにより、より強い体質になっていく過程を見ることができる。ふたつあるセンサーのうちひとつしか採用しなかったという甘さが原因で、非常に残念な事故を2度も起こしてしまったが、すべてをさらけ出したことで多様な厳しい意見をもとに、その甘さを克服し、ボーイングが今後さらに安全性の高い飛行機を製造するメーカーとなっていくものと期待している。

ボーイングの事例では、運航再開の「決定（Decide）」と「行動（Act）」は当局に委ねられるが、失敗の要因をすべてさらけ出す透明性と多様な意見、批判を受けて、航空機の製造会社としてより安全体質へと強化していくという意思決定（Decide）と、その前提となる、公聴会やメディアの雰囲気に対する観察（Observe）、ひとつのトラブルに対するかってないほどのデータ収集、検証するという判断（Orient）と意思決定（Decide）はまさに失敗を活かすOODAループの実践そのものである。

Observe

第5章

OODAループ①

Observe「観察」する能力を鍛える

観察能力を向上させる「4+1の眼」

OODAの第1フェーズは「観察（Observe）」だ。そのためには観察力を向上させる必要がある。それには自身のアンテナの感度を上げなければならない。

アンテナの感度とは、持続した目的意識、問題意識、危機意識と比例する。そのため、何ごとにも興味、好奇心を持ち、感性を磨くことが、観察力の向上に大きく寄与する。そして、「観察」をするためには、次に挙げる5つの〝眼〟をバランスよく使えるかがポイントになってくる。

①虫の眼

虫のように細かいことまで正確に読み取る〝眼〟。一点集中して、誰も気づかないような小さな事情や微かな変化を読み取る

②鳥の眼

鳥のように大空から地上を鳥瞰する〝眼〟。全体を俯瞰《ふかん》し、大局を把握する展望力

③魚の眼

魚のように川の流れや潮の流れを読み取る〝眼〟。内部の業務の流れ、政治・経済の流れ、顧客・市場の流れ、技術革新の流れ、メディアの関心の流れや変化を読み取る展開力

④コウモリの眼

コウモリのように逆さまに止まって周囲を見る〝眼〟。立場を逆にしたり、モノを逆さにして考える洞察力

私も後輩パイロットたちによく言っているが、一点集中して細かいものを見るミクロな眼である「虫の眼」だけでは全体が見えない。そこで「鳥の眼」で全体を俯瞰して見る。今は世の中の流れが速いため、「魚の眼」で潮《しお》の流れを読む。それに加えて、「コウモリの眼」でひっくり返して物事を見ることが大事なのである。

これらの眼をうまく使い分けることができれば、状況認識を間違うことはない。

たとえば、操縦がうまくないパイロットは、操縦席の窓から外を見ればわかるのに計器だけを一生懸命見ていることが多い。ミクロな眼しか使っていなければ、飛行機の操縦は

なかなかうまくいかない。逆に外ばかりを見ていても、やはりうまくいかない。中と外をバランスよく見る〝眼〟を使わなければ、ビジネスやクルマもうまくコントロールできなくなるのは同じだ。

そして、これらに4つの眼に加えて、本質を見抜く「心眼」があるといい。

⑤心の眼（心眼）

目には見えない真実、本質を見抜く〝眼〟

物事を見るときに、100％が「虫の眼」だと木を見て森を見ずになってしまい、「鳥の眼」だけだと細かいところを見逃してしまう。「魚の目」がなければ、誤った判断をすることになるし、「コウモリの眼」がなければ、ひとりよがりになってしまう。

リスクマネジメント・危機管理において重要なのは眼の使い方だ。そもそも人間の眼は「見る能力」自体はたいしたことはない。しかし、人間の眼の素晴らしいところは眼を使い分けられることだ。物理的な機能だけでなく、「モノの見方」という側面、つまりさま

図表5-1　観察能力を向上させる「5つの眼」

虫の眼
誰も気づかない微かな
変化も読み取る〝眼〟
鳥の眼
俯瞰的に全体を見回し、
対局を俯瞰する〝眼〟
魚の眼
魚が潮の流れを読むように
さまざまな流れを読む〝眼〟
コウモリの眼
立場の逆にしたり、
逆さの視点で見る〝眼〟
心眼
目には見えない真実、本質を見抜く〝眼〟

ざまな考え方に直結するということである。

　パイロットの世界においても、私が日本航空の採用試験を受けた当時は、裸眼で視力「1・0」は必要だったが、今では眼鏡を使用してもレーシック手術のあとでも片眼で「0・7」、両眼で「1・0」あれば問題にならない。実際に最近のパイロットは、「眼」の使い方のほうが大切であるとされている。

　眼の使い方の巧拙を分けるのは、優秀かそうでないかは関係ない。経験が必要になる能力だが、若いからといって使えないということでもない。逆にいえば、年を重ねても上手に眼を使えていない人はたくさんいる。

意識的に5つの眼を使っている人からその方法を学び、そしてある程度の訓練を重ねれば、誰でも使い分けられるようになる。

日常から意識して〝眼〟の使い方を鍛える

リスクマネジメントを実践するにあたって、**意識すべき眼の使い方は、「左右前後上下をも確認する」という注意配分である。**

私は自宅の玄関を出るとき、横断歩道を渡るとき、電車に乗るときに、2〜3秒間だけでいいから意識して注意力を配分する。たとえば、玄関を出るときには、忘れ物はないか（虫の眼）、玄関の周りに異変はないか（鳥の眼）、今日の予定を考えると、どんな1日になりそうか（魚の眼）、玄関まで出迎えてくれた妻の表情から何か感じ取れることはないか（コウモリの眼）ということを一瞬で考える。

こうした習慣をつけておくと、仕事のうえでも、人生のうえでも立派な危機管理者になることができる。なぜなら、こうした行為こそがOODAループの出発点である「観察」に他ならないからだ。

「心の眼」を鍛えるふたつの方法

5つの眼を「4＋1」と考えるのは、「心の眼」だけは、ほかの4つの眼とは少し性格が異なるからである。

観察をするうえで、真実・本質を見抜く「心眼」を身につける方法には大きく分けてふたつある。

ひとつは、「なぜ」と「何の目的で」を繰り返していくことだ。それによって行き着いたところに、真実あるいは本質、またはそれに近いところが見えてくる。

トヨタ自動車はかなり前から「WHYを5回繰り返せ」と言っているのは有名な話だ。これも真実・本質にたどりつくことの重要性を、トヨタ自動車が認識しているからに他ならない。

もうひとつは、**得た情報が全体か一部分か、一次情報か二次・三次情報か、誰が出した**

情報か、いつの情報か、目的実現のために役に立つ情報かどうかをスクリーニング、すなわち、ふるいにかけることである。

二次情報、三次情報には、必ず情報発信者の意図が含まれている。「何の目的」「どういう目的」でその情報を発信しているかを考える。伝聞された情報を真に受けるのではなく、一次情報、生の情報に接したら、できるだけ情報を発信した側の目的を考えてみること。できるだけ自分の眼で見て感じることが大切である。こうした習慣をつけていくと、本質、真実を把握できるようになる。

テレビや新聞の報道する事実が間違っていることはほとんどない。ただ、視聴者や読者の興味を惹かなければならないというメディアの性質上、話題性、特殊性があるものを取り上げる傾向にあることを考慮する必要がある。重要なことを優先基準にして選別された情報が、必ずしも取り上げられているわけではない。そこで「報道されている事実は全体か一部か、一過性か永続性にあるものか」を選別し、「重要なことか、それほどのものではないか」と自分なりに情報を取捨しなければならない。そうすることで、心眼は鍛えられていく。

テレビが伝える情報は映像が最大の効果を生む。視る側はその映像によって報道された情報を強く印象づけられてしまう。そこで、この映像は全体を反映していることか、一部かを考えてみる。それを怠ると本質から外れた情報によって自分の考えが形成されてしまう。新聞を読む際は、見出しに誘導されないこと、形容詞、副詞は外して書いてある事実だけを読み取る習慣をつけると、より真実、本質に迫ることができる。識者が言っていることも100%正しいとはかぎらない。情報を盲目的に信用してしまうと思考停止に陥ってしまう。頭の片隅に「本当だろうか」と疑いを持ちながら、情報を取捨する習慣をつけることだ。そうすることも心眼を鍛えることにつながっていく。

「観察」力をアップさせる「三現主義」

ビジネスでいえば、市場の変化、顧客の変化、社会の変化、気候変動、政治の変動などを観察する必要がある。

インターネットが発達して、昔より情報が公開されるようになった現代のいいところは、アンテナの感度を高めれば、かなりの情報を集められるようになっていることだ。アンテナの感度を高めるためには、持続した強い目的意識、問題意識、危機意識を持つことである。

一方で、情報が簡単に集められるようになった弊害もあると私は感じている。たとえば、インターネットやSNSなどで情報収集をしただけで、世の中のことをわかったつもりになっている人が増えている。メディアやSNSで伝わる情報は事実かもしれないが、全体ではない。特にSNSではフェイクニュースや事実でない情報もある。

そのため、自分の足で情報を集めることが大事になってくる。だからこそ、**「現場」に出向いて、「現物」に直接触れ、「現実」を捉える、いわゆる「三現」の重要性が増している。**

情報はいつの時代でもヒューミントといって、人間を媒介とした情報が重要だ。

それを最も感じたのは湾岸戦争直前の湾岸危機のときだ。詳細は第9章と第10章で触れるが、私は人質救出フライトを担当した。そのときに、「どこまでなら安全に飛行できるか」「どこからは危険か」を判断しなければならなかった。私は自費で情報を集め、フセイン大統領が化学兵器や核兵器を使わないと判断し、どこまでなら飛行可能であるかを会社に報告したうえで、人質フライトの任務を遂行した。

現代では、国も企業もある程度の情報を公開しており、国や会社の能力がどの程度のも

図表 5-2　三現主義

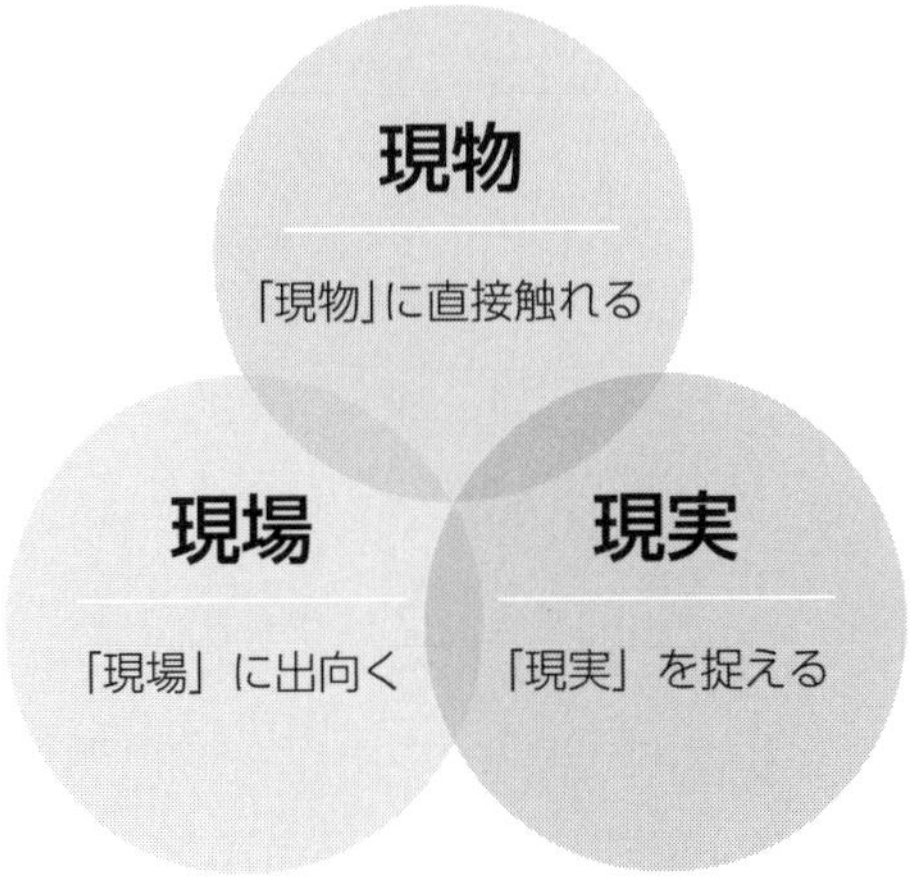
現物
「現物」に直接触れる
現場
「現場」に出向く
現実
「現実」を捉える

のかの大部分がわかるが、イラクという国について考えるときには、リーダーがどういう考えを持っているのかを知ることも大切である。つまり、リーダーであるフセイン大統領の考えを知ることである。

もちろん直接話しができるわけではないので、さまざまな情報から〝心の眼〟を使って、「どういう考えを持っているのか」を見なければならない。それを知るにはトップやリーダーがどういう行動をしてきたかを知ることだ。

行動こそが、その人が何を大切にしているかを知るカギを握っているからである。

集中力は大切だが、100%集中してはいけない

私は陸上競技については詳しくはないが、オリンピックの舞台で100m走を走るアスリートたちは、集中力を極限まで高めて競技に臨んでいるに違いない。100%集中できなければ、あの爆発的な力を出せないだろう。

多くの人たちは、「100%集中したほうがいい」と考えるかもしれない。しかし、**リスクマネジメントの観点でいえば、100%集中してはいけない。**

私は現役時代に、離着陸でもあえて100%集中しないようにしていた。

パイロットとして最も緊張するのは離着時だ。当然、100%集中したくなる。しかし、100%集中してしまうと、「虫の眼」だけになって視野狭窄《きょうさく》に陥り、突発的なことが発生したときに対応できなくなってしまう。私はどんなときも10~20%の「遊び」を残しておくことを心がけていた。この「遊び」が、突然の異変が発生しても対応できる余裕につながるからである。

リスクマネジメントにおいては、100%であることをよしとせず、余裕を残したり、

無駄を残すことが重要になってくる。

うまくやろうとする意識より、どんなことに遭遇しても大事に至らない体制を整えておくことがリスクマネジメント・危機管理にとって大事である。言葉で言うのは簡単だが、頭ではわかっていても、ある程度の経験がなければ、この実践は一朝一夕にできるものではない。それでも、リスクマネジメントにおいては１００％集中することが正しいことではないことを知っておくべきである。

徳川家康から学ぶ
〝眼〟の使い方

徳川家康は勝ちすぎることを諌《いさ》めた「六分の勝ちをよしとする」という言葉を遺している。自分の主張を 10 割認めさせることが必ずしもいいわけではない。自分の主張の６割が通れば上出来と考えるということだ。この余裕があれば、周りが見えなくなってしまったり、必要以上に相手を追い込んでしまうことを回避できると徳川家康は感じていたのだろう。

ビジネスの現場で考えみたい。交渉のテーブルについたときに「コウモリの眼」がないとどうなるだろうか。相手の立場を慮《おもんぱか》ることなく一方的な主張をすれば、相手は態度を硬化させるかもしれない。そうなれば、落としどころを見出せなくなり、まとまる交渉もまとまらなくなるだろう。仮に自分の主張をすべて相手に呑ませることに成功すれば、そのときは気持ちいいかもしれない。しかし、もしその交渉相手と長く付き合いたいのに、勝ちすぎたばかりに相手に遺恨を残すことになれば、長い目で見たときに大きな不利益になる。将来、助けてほしいときに助けてもらえないだけでなく、復讐されることだってあるかもしれない。

徳川家康は勝ちすぎることをよしとしなかったのは、長い時間軸で物事を考えて、将来のリスク要因が増えることを避けたかったという気持ちもあったはずだ。

OODA ループの「状況判断（Orient）」を誤らないためにも、自分からの視点だけではなく、「相手はこう言われたらどう思うだろうか」とイマジネーションを働かせて、コウモリの眼（＝相手側の視点）で物事を見るクセをつけることだ。その積み重ねが将来のリスク要因を減らすことにつながるのだ。

第6章

OODAループ②

Observe－Orient「観察」「状況判断」をするために情報力を磨く

Observe
Orient

リスクマネジメント・危機管理の成否を決める3つの「情報力」

リスクマネジメント危機管理の成否は情報力の差である——そう断言してもいいだろう。

たとえば、織田信長は桶狭間の戦いで、自軍の10倍ともいわれる兵力の今川軍に勝利を収めている。圧倒的な劣勢でありながら、戦いに勝てたのは、自軍の10分の1しか兵力がないことを知った今川義元が油断して休息しているという情報を織田信長がつかんだからだった。織田信長は、密《ひそ》かに山中を迂回《うかい》して本陣の背後に回ると、豪雨に乗じて接近し、山の上から奇襲攻撃をかけたとされる。

太平洋戦争のミッドウェー海戦で、アメリカ軍に暗号を解読されて惨敗した日本海軍の例も情報力の差が勝敗を分ける大きな要因になった。このふたつの例だけでも、生死を分けるような危機においては、情報がいかに重要かを立証してくれている。

ひとくちに情報力といっても、私は3種類あると考えている。

①情報収集力
②情報処理力
③情報編集力

この3つについてそれぞれ説明していこう。

「情報収集力」はアンテナの差

情報収集力は、文字どおり情報を集める力のことだが、人によって力量に差が出る最大の要因は「アンテナの感度」である。この感度の違いによって、収集できる情報の量はもちろんこと、その質も大きく変わってくる。

図表6-1　3つの情報力

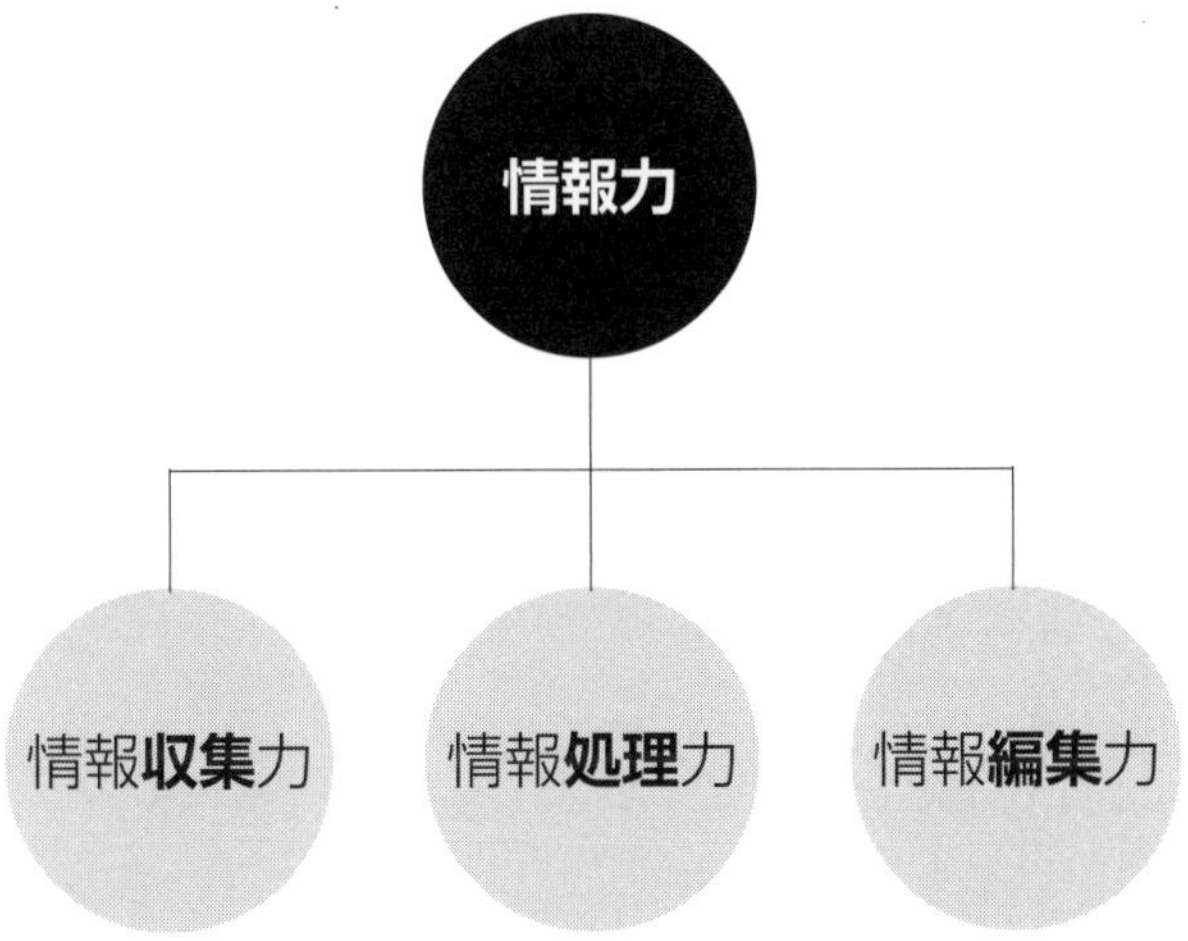

アンテナの感度は、その人の目的意識、問題意識、危機意識、好奇心、感性などに比例して高感度になったり、まったく何もキャッチできなくなったりする。

優秀なビジネスパーソンは、何気ない会話、新聞の小さな記事、些細な街中の変化などさまざまなところにビジネスチャンスを見つけるものだが、それはアンテナの感度がいいからにほかならない。しかし、同じものを見聞きしているのに大半の人は優秀なビジネスパーソンが見つけられるようなチャンスを見逃してしまう。

この差は、個人の内側にある。

ビジネスチャンスを見つけられる人は、オフィスから出ても、頭の片隅で「ビジネスチャンスはないかな」と常にアンテナを立てている。好奇心からビジネスチャンスを探している人もいれば、新しい何かを見つけなければ、会社が倒産するかもしれないという危機意識からビジネスチャンスを探している人もいるだろう。どんな理由であれ、「ビジネスチャンスを見つけたい」という強い気持ちを持っている人のほうが、何も考えていない大多数の人よりビジネスチャンスを見つけるためのアンテナの感度は高くなるのは、当たり前のことだ。

つまり、**日常的に欲しい情報について意識していなければ、アンテナの感度は上がらず、情報収集力が上がらないということだ。**

逆にいえば、現代はインターネットの普及に代表されるように情報化の時代であるため、アンテナの感度を上げておけば、必要な情報の90％あるいはそれ以上が手に入れられるようになっている。かつてに比べて格段に情報が収集しやすくなっているため、情報の重要性を理解している人たちの情報収集力には大きな差が生じなくなっている側面もある。

一方、**情報収集がしやすくなったからこそ、三現主義（現物・現場・現実）による一次情報（生の情報）の相対的な重要性が高まっているこ**とは見逃してはならない。

三現主義＋二原主義＝五現（原）主義

状況判断（Orient）は、観察（Observe）した情報に基づいて行う。この観察（Observe）―状況判断（Orient）はOODAの意思決定（Decide）―行動（Act）の成否に大きく影響する重要なフェーズである。

的確な状況判断（Orient）を行うためには、できるかぎり正確な情報が必要であることは当然である。その大切な要素のひとつに第5章で述べた「現場」「現物」「現実」の「三現主義」がある。

事故やインシデント、トラブルは、状況判断（Orient）を誤ることで起こることが多い。その原因として挙げられるのは、状況判断をするために必要な情報の不足である。危機的な状況になれば、即座に状況判断することを求められるため、現実には時間的制約、物理的制約などにより十分な情報が得られない場合がある。

そのときに役に立つのが「原理」「原則」である。

自然界は原理・原則で動いている。人間の社会も大きな眼で見ると、原理・原則に沿った結果となるケースが多い。**情報が少ない中での状況判断は、原理・原則を当てはめて行うと、その後に続く意思決定、行動を助けることがある。**

したがって、観察（Observe）−状況判断（Orient）には、三現主義に加えて、「原理」「原則」を加えた「二原主義」の五現（原）主義を活用するといい。

法則や知恵を活用すれば、状況判断・意思決定の助けになる

テレビのニュースや新聞で報じられる最新情報だけが情報ではない。過去に遡《さかのぼ》り、先人たちが遺してくれた「法則」や「知恵」も重要な情報源である。それらを収集し、活用することは、ＯＯＤＡループの状況判断（Orient）と、それに続く意思決定（Decide）の助けとなる。

歴史小説が好きな経営者が多いのは偶然ではない。歴史小説はエンタテインメントでありながら、先人たちの知恵を吸収することに役立つからであろう。

リーダーにとって、大きな武器になる「知恵」については第10章で詳しく触れることにする。

「情報処理力」を磨いて、多くの情報から必要なものを選ぶ

インターネット上の情報は玉石混交だ。その情報から〝玉〟だけをふるいにかけるにはどうすればいいのだろうか。

まず、接している情報が、知りたいことの全体なのか、それとも一部なのか、重要なことか、そうではない些末なことかをしっかり判別する必要がある。

2019年8月28日に日本が韓国に対して輸出手続きで優遇対象とする、いわゆる「ホワイト国」から除外した。これをきっかけに韓国国内では反日運動が起きた。その際のテレビなどの報道を見て、どう思っただろうか。

テレビや新聞などのメディアは、日常的な町並みを報道することはない。視聴者や読者の関心をあまり惹きつけないからだ。つまり、ソウル市内の何も起こっていない場所を報道することはないということだ。テレビや新聞が報道するのはデモが行われたり、店頭に「日本人お断り」を掲げた張り紙を出した飲食店など、非日常的なことが起こっていたり、他とは異なる特殊性があるところばかりになる。

しかし、ニュース番組などで切り取られた一部ばかりを見ていると、それがすべてと勘違いしてしまいがちになる。

頻繁に流されるソウルなどで行われた大規模な反日集会の映像ばかり見ていると、韓国全土で激しい反日デモが行われているかのように思ってしまうのも無理はないが、よく考えてみればそんなことはあり得ない。実際にそんな報道が行われている真っ最中にソウルへ行った人に様子を聞いてみても、「拍子抜けするほど、いつもどおりだった」という答えが返ってくる。

これは極端な例かもしれないが、こうした特殊性、話題性を重視するメディアの報道の情報に振り回されないことだ。

そのためには、いつの出来事か、いつの情報かをしっかり把握して、誰が、どんな組織が、どんな意図をもって出した情報かを吟味する必要がある。たとえ、同じ事件でも立場が違えば、ときにはまるで違った印象になることすらある。

そして、**自分の目で見たり、体験した「一次情報」と、自分がある人から聞いた「二次情報」、誰が発信源かはっきりしないような「三次情報」は区別して考える**ことだ。二次情報・三次情報には、情報を発信した人・組織の意図が含まれ、バイアスがかかっていることがあるからだ。

インターネットなどを使って、大量の情報を集めたら「その情報は役に立つ情報か」を吟味する。そのときに、自分なりに情報を取捨選択（スクリーニング）する基準を持つ必要があるということだ。

最も差がつく「情報編集力」

今の時代、3つの情報力で最も差がつくのは、「情報編集力」である。

情報収集はかつてに比べて格段に簡単になり、情報処理もITを利用すれば誰でもできるようになっている。

しかし、収集・分析した情報をつなぎ合わせて活かす情報編集力はITの力に頼ることができない。とくに学校のテストのようにはっきりした「正解」があるとはかぎらない実社会においては、情報化が進むほど、情報編集力の重要性は高まっていくだろう。

情報編集力を磨けば、素人でも専門家と同じくらい、あるいはものによっては専門家以上の情報力を発揮できる。そして情報編集力を磨くと、OODAループの意思決定力が向上する。逆にOODAループの意思決定力を磨くことが情報編集力のスキルアップに貢献するという相互作用が働く。

日ごろから、ひとつの対象を絞って情報を集め、その情報を自分なりにスクリーニングして抽出し、その情報を編集して「実はそうなんだ」という自分なりに納得のいく結論を出す練習を繰り返すことだ。この訓練は実務においても役立つ情報編集力の向上につながるのと同時に、トラブルや危機に遭遇した際に的確な対応ができるようになることにも寄与する。

マイナスの情報を大切にする重要性

情報編集を行う際に大切なことは、プラスの情報とマイナスの情報の取捨選択だ。

人はどうしてもプラスの情報ばかりを知りたがり、マイナスの情報には目を背《そむ》けたくなるものだ。しかし、とくに**リスクマネジメント・危機管理においてはマイナス情報を大切にすることが**大事だ。

自然災害や事故、事件など、自分にとって何らかの被害が予想される危機的状況にあっても、人はそれを正常な日常生活の延長上の出来事として捉えてしまう「正常性バイアス」にとらわれることが少なくない。そのときに都合の悪いマイナス情報を無視してしまったり、「自分は大丈夫」「今回は大丈夫」「まだ大丈夫」などと過小評価する傾向がある。津波や台風、豪雨で残念ながら犠牲になった人の多くも、この「正常性バイアス」が逃げ遅れの原因になったといわれている。

プラス情報もマイナス情報も絶対的価値がある。要は焦点の当て方、活用の仕方次第である。

嫌な情報、耳に痛い情報、聞きたくない情報、都合の悪い情報を避けたいのが人間の心理であるが、リスクマネジメント・危機管理に失敗しないためには、あえてこれらのマイナスに焦点を当て、それを分析検討して、早期に手を打って、危機の未然防止に努めることだ。

逆に人を育てるには、その人の良いところ、つまりプラスの情報に焦点を当てることである。

マイナスの情報でも言いやすい組織にする

組織としては、マイナス情報は速やかに指揮系統の上方に報告するような風土を構築することだ。そのためには、トップ、リーダーはマイナス情報を知らせてくれた部下に感謝するようでなければならない。そして危機管理体制を充実したものにするには、リーダーが気に入った者だけではなく、わざわざ苦言を呈してくれる者も自分のそばに配置することは絶対に必要である。

人間である以上、いつも心地いいことを言ってくれる人に好印象を持つのは仕方がない面もある。しかし、**リスクマネジメント・危機管理をしなければいけないリーダーが、個人の好き嫌いに基づいて苦言を呈する人物を排除するようなことは、組織のリスクマネジメント・危機管理上、最悪の選択だ。**

パイロットにみる
チームの任務遂行

パイロットは基本的に月１回、決まった時期に翌月のスケジュールが会社から出される。そこで初めて誰と組んでフライトするかが判明する。当日、空港に行って初めて会うパイロット、キャビンアテンダントとチームを組成してフライトすることがほとんどだ。そして、二度と同じ人員構成でフライトすることはまずない。つまり、常に知らない人とチームを組んで、うまく仕事を遂行しなければいけない。この点については、一度チームを組んだら基本はそのままの人員構成で仕事をしていくことが多い一般企業とは異なる点だろう。

それゆえ、パイロットは基本的には誰とチームを組んでもうまく任務を遂行できる人が求められており、そのような適性を見ながら航空会社はパイロットを採用している。

とはいえ、パイロットも人間である以上、当然のことながら相性はある。それでも任務を遂行するうえでは、好き嫌いで人物を判断しない。実際に私も、その考えでパイロットとしての任務を遂行していた。

チームのメンバーに嫌いな人がいるからといって、パフォーマンスが下がってしまうのは真のプロ、真のリーダーではない。リーダーは部下一人ひとりの能力を活かすリソースマネジメントをしなければならない。

プロとして、リーダーとして、いかに円滑に任務を遂行するかを重視するかを考えれば、好きなメンバーばかりで仕事をするよりも、マイナスの情報を伝えてくれるメンバーがいることのほうが重要であることがわかるはずである。

第7章

OODAループ③

Observe－Orient
悲観的に準備する

危機管理の鉄則――悲観的に準備し、楽観的に対処する

旧日本陸軍の大本営参謀を務め、戦後は第二次臨時行政調査会の委員などを務めた瀬島龍三氏は危機管理の極意をこう表現した。

「悲観的に準備し、楽観的に対処せよ」

プロジェクト、事業、任務の準備の段階において、考え得るあらゆるリスクを洗い出す。そして最悪の事態を想定して、その対策を検討して準備する。実際に〝事〟が起こった場合、あるいは非常事態、緊急事態に遭遇した場合は、覚悟をもって大胆に果敢に遂行する――「危機管理の鉄則」と言われるほどの至言である。

この言葉は、1972年に起きたあさま山荘事件で人質救出を指揮したことで知られる佐々淳之氏も危機管理の鉄則として挙げていた。両人とも、現場で幾多の修羅場を経験しているだけに、この教えには説得力がある。

「悲観的に準備する」とは、危機の未然防止と確信をもって危機に対応できるように、危機的状況に遭遇した際に「これだけ準備したのだから最悪の事態は避けられる、大丈夫だ」と思えるまで万全の準備しておくということだ。

楽観的であれば、万全な準備などできるはずもなく、危機や想定外の事態に遭遇したときに、「ああ、もうダメだ」となりかねない。トップやリーダーが危機的状況になったときに、あきらめざるを得なくなってしまえば、その組織はそれでおしまいになってしまう。

一方の「楽観的に対処せよ」は、「これだけ準備をし、手当てをしたのだから最悪の事態は絶対に避けられる。大丈夫だ」という確信と自信をもって冷静に対応するということである。

危機的状況に遭遇した際に悲観的になったり、気が動転していれば、冷静な判断をできるわけがない。十分に準備してきた自信を土台にしながら、冷静さを失わないことが大事ということだ。

リーダーとして危機管理能力を発揮するために求められるのは、**危機の未然防止では「細心さ・臆病さ」、危機発生時の被害局限対応では「思い切りの良さ」「大胆さ」だ。この切**

り替えが求められる。一般的な傾向として、日本のリーダーはこの切り替えが不得意で、そのために危機管理に失敗するケースが少なくない。

以降、本章では「悲観的に準備し、楽観的に対処する」のうち、OODAループの「観察（Observe）」「状況判断（Orient）」に該当する「悲観的に準備する」について説明していく。なお、「楽観的に対処する」は、OODAループの「行動（Act）」に該当するため、第9章で詳しく説明する。

「悲観的に準備する」ためにすべきこと

悲観的に準備をするためには、まず予想し得るリスクについて、どれほどのリスクがあるかをつかんでおく必要がある。

具体的には、以下の3ステップでリスクを割り出す。

①プロジェクト、事業、任務に関連するあらゆるリスク（R：Risk）を洗い出す
②洗い出したリスクの発生確率（P：Probability）と、実際に発生した場合の被害の大きさ

図表 7-1　リスクの大きさを考える方程式

$$R = P \times D$$

Risk（リスク）　Probability（リスクの発生確率）　Damage（被害の大きさ）

（D：Damage）を推定する作業をする。

③リスクの大きさを、②で推定した発生確率（P）と被害の大きさの（D）の積として考える。数式で表すと、R＝P×Dになる。

この数式は、可能性が小さくてもダメージが大きければ、リスクは大きくなることを表している。もちろん、必ずしも「リスクの発生確率」と「被害の大きさ」は数値化できるものではない。それでもリスクの大きさを測る際に、この数式を頭に入れておくことで、リスクの大きさを読み間違えたり、対処すべきリスクの優先順位を間違える可能性を減らしてくれるはずだ。

私自身の経験した具体例を用いて説明したほうがわかりやすいだろう。

私が国内線で伊丹空港から新千歳空港へ向かう便を担当したときのことである。その日、目的地の新千歳空港は雪が降っており、滑走路も凍結してツルツルになっていた。それでも新千歳空港に向かった他の便は着陸していた。

航空当局は必ず滑走路の摩擦係数を計測して、「グッド」「ミディアム」「プア」「ベリープア」の4段階でそのときの路面状況を示している。「グッド」が滑走路の状態が最もいい状態で、「ベリープア」は、その滑走路には飛行機は降りられないことを意味する。

そのときは「プア」で、着陸しようと思えば着陸できる状況だった。

私が操縦する便は満席だった。燃料はほとんど余裕のない状況だった。隣の函館空港に降りようと思えば、降りれたかもしれないが、函館空港も吹雪だった。かりに函館空港に着陸を試みたとき、運悪く突風が吹いて着陸をやり直すことになれば、そのときは羽田空港に戻る燃料はなくなってしまう。函館空港に着陸しないのなら、羽田空港にすぐ戻るしかない。

「ダメだ。羽田に戻る」

私は羽田空港へのダイバード（当初の目的地以外の空港などに着陸すること）を決断した。このとき、私は理屈ではなく本能的に「危ない」と感じた。「99％大丈夫」と思っていたが、残りの１％を恐れた。もし、着陸に失敗すれば、多くの人命を失うことになると考えたのである。

しかし、他の飛行機は次々に新千歳空港に着陸している。自分の便だけが引き返したのだから、地上の職員たちには大変な負担をかけてしまった。副操縦士も「え？　本当ですか……」と困惑していた。

この判断によって、多くの搭乗客に迷惑をかけた。それだけでなく、その搭乗客に対して、直接、事後対応をしなければいけない地上職の仲間たちにも嫌な思いをさせたに違いない。場合によっては、空港カウンターで怒った人に罵声を浴びせられた人だっていたかもしれない。

「99％は大丈夫」と思っていたように、Ｐ（リスクの発生確率）はきわめて小さかったが、事故が起これば多くの犠牲者を出すことになる。「Ｄ（被害の大きさ）」は、途轍もなく大きくなる可能性があった。私は、「Ｒ＝Ｐ×Ｄ」の「Ｄ」の大きさを重視して決断したのだ。

この決断は誰からも称賛されなかった。陰で「あの機長は臆病だ」と言われていたかもしれない。しかし、私は誰ひとりとして生命の危機に直面させなかったという点で、今でも「間違いではなかった」という気持ちは揺らいでいない。

人間の活動には必ずリスクがあるが、判断、決断に迷う場合は、「P×Dの大きさ」という切り口で状況を把握することで、自分にとっての正しい選択がしやすくなる。

R（リスク）の値が小さいものについては、実際にトラブルが発生した場合でも被害は小さい。ところが**日本人は可能性の大小だけに着目して、「たぶん、大丈夫」と楽観的に準備して、何かあったら「もうダメ」と悲観的になる傾向がある。これは日本人の甘さだ。**

優先順位を考える

自分が認識している既知のリスクすべてに対策をとることは理想だが、ビジネスの現場では、時間的制約、資金的制約もあり、それが許されないことがほとんどだ。

そもそも、リスクの対策は無駄に思えるようなことばかりである。そこに「費用対効果」のような言葉を持ち出せば、できなくなるようなことばかりだ。

であれば、現実的な選択としてリスクマネジメントの基本である優先順位の高いものから対策を検討・実施することになる。

R＝P×Dの計算式で、Rの値の大きいものを優先するということだ。

このリスクマネジメントに失敗すると危機を招く。リスクマネジメントと危機管理とは密接な関係にある。しかも、リスクマネジメントも危機管理もＯＯＤＡループの成果とも深い関係があることから、危機を招かないためにも、ぜひ実践的なＯＯＤＡループを身につけていただきたい。

民間航空機の機長は、「安全性」を最優先することはもちろんだが、時間どおりに運航する「定時性」、乗客が機内で揺れなどを感じないように「快適性」、コストも考えて、できるだけ低燃費で運航する「効率性（経済性）」の４つを同時に求められている。

もちろん、安全性が最優先だが、それ以外の３つはそのときの状況によって優先順位が変化する。

日本航空と全日空は、過去も現在も世界トップクラスの「定時性」で知られているが、高い「定時性」を維持するのはとても大変なことである。時間どおりに飛ぶだけでなく、到着後に迅速な機内清掃を完了させなければいけないし、チェックインした搭乗客が１人でも搭乗口に現れなければ、地上職員はターミナル内を走り回って探す必要が生じる。海外の航空会社だと、時間になると無慈悲に航空機の扉を閉めてしまうこともあるが、日本航空と全日空では性別や年齢などから、どこにいるのかを予測を立てるなどして、工夫しながら行方がわからなくなってしまった搭乗客を可能なかぎり探す。もし搭乗口に現れなかった乗客に、受託手荷物がなければ、そのまま出発することもあるが、受託手荷物があれば、一度積み込んだ荷物を探して降ろさなければならない。

最終的に機長の判断になるが、搭乗者数が変われば、航空機のウエイトのバランスを直さなければならないなど、やるべきことが増える。それはさらなる遅れの要因になるが、ウエイトバランスは安全性に関わるため、定時性を犠牲にしてでも安全性を確保しなければならない。

ところで2019年に入り、空港の保安検査場で係員が、乗客の手荷物からナイフを見つけたものの誤って乗客に返却したことで、保安検査を全乗客に対してやり直すという事態が起こった。安全性を重視する以上、遅延が生じても検査をやり直すのは当然だが、ナイフを乗客に返却してしまった係員は、「安全性」よりも「定時性」を優先してしまったのかもしれない。

もし最短ルートに積乱雲が発生していれば、効率性を多少犠牲にしても、安全性、快適性を優先して、迂回経路を選択するときもある。急病人が発生すれば、定時性は横に置いて近くの飛行場に緊急着陸する判断をすべきときもある。大切なのは「安全性」を最優先にしながら、状況に応じて「何を大切にするか」を考え、臨機応変に優先順位を変えながら最適な選択をすることである。

緊急時に100点を目指してはいけない

2005年前後に、日本航空にインシデント（航空事故が発生するおそれがあると認められる事態のこと）が続き、業務改善命令を受けたとき、私は急遽、広報担当に就くことを会社から命じられた。

当時、私が考えたのは、会社にとって都合の悪い情報でも、できるだけ早く公開しようということだった。たとえ、専門家から見て「この程度なら大丈夫」「たいしたことではない」ということでも、私はメディアに対して、とにかくすべてを公開した。東奔西走しながら、記者クラブに行って説明することを心がけた。当然、その動きには社内から反対の声も多かったと承知していたが、その姿勢もあって、メディアの人たちは、広報部の私たちをだんだん信頼してくれるようになった。

自社にとって不都合な真実を公表すれば、社内からの反対は必至だった。私にも躊躇する気持ちがなかったわけではない。一方で、大きな視点で見たときに、社内の反対意見に配慮するか、それとも透明性を重視して公表したほうがいいのか、どちらがいいのかを私は考えていた。

結局は「何を大切にするか」ということだ。この「何を大切にするか」は、言い換えれば、危機管理における「重要度の選択」の問題である。

私は機長昇格訓練を3年間担当したが、なかなかキャプテンになれない人には共通点があった。そのひとつは「プライオリティ（優先順位）」の選定ができないことだった。このタイプの人は当然、自分なりのプライオリティ（優先順位）を決めてはいる。しかし、「今こんなことしなくていいのに」「あとからすればいいのに」ということを最優先してしまうのである。

プライオリティの選定ができなければ、リーダーとしては失格だ。重要度と緊急度の優先順位をうまく決められないことはリーダーとして致命的な欠陥になるからだ。

優先順位の決め方は平常時と緊急時で変わる。その柔軟性を持つことも大事だ。

平時は完璧な仕事を目指すべきだが、緊急時は絶対に100点を狙ってはいけない。

非常事態においてリーダーは、最も大切なもの以外はいったん捨てる覚悟をして、嫌われる決断もいとわないことである。この切り替えが日本人は苦手で、危機になると最優先すべきものをあとまわしにしてしまうことが多い。

たとえば、私が同じ機長として「ハドソン川の奇跡」のサレンバーガー機長を評価しているのは、飛行機を守ることを捨て、地上の住民も含めて人命を最優先したからだ。先述したように、シミュレータで検証すると、すぐに近くのテターボロ空港へ向かえば間に合ったものの、チェックリストの確認に30秒かかれば、テターボロ空港に到達できず、住宅街に墜落して大惨事になっていたのはすでに述べたとおりだ。

常に何を大切にするかという重要度を把握する

危機管理は「大切なものを守るマネジメント」である。

「命」の次に何を優先するかの優先順位の選択は、人、企業・団体・組織によって異なるが、大切なことは何を最優先にすべきか、その優先順位をあらかじめ決めておくことだ。

航空会社の運航方針では安全性を最優先として、公共交通機関としての定時性、快適性、効率性（経済性）を重視しているが、最優先するもの以外の優先順位は、そのときの環境、条件、状況などによって順位を入れ替える柔軟性が必要なことはすでに述べた。この優先順位の入れ替えを迅速かつ的確に実施するには、日ごろからOODAループの意思決定を意識して習慣化するといい。

しかし、多忙なときや納期が迫っているとき、突発的なことに別の仕事が差し込まれたり、内外からさまざまな要請などが入ってきたときなどに、つい最優先すべき事項を忘れてしまうことがある。最優先事項の優先順位が下がってしまうケースである。

たとえば、旅客機の場合なら、出発が遅れたことで「定時性」を重視するばかりに、余裕があればその航路をとらないのに、気象条件が悪い（乱気流に巻き込まれる可能性が高いなど）航路を選択してしまうケースである。

これはリーダーが重要度の選択を間違って、危機管理に失敗する典型例だ。

最優先事項の優先順位を下げる間違いを犯さないようにするためには、「何をするか」というよりも「何をしないか」という視点で意思決定することも大切だ。そして、危機を招かないためには、「何があっても最優先事項は絶対に堅持する」とリーダーとして覚悟しておくことである。

不慮の事態に備える「コンティンジェンシー・プラン」

コンティンジェンシー・プラン（Contingency Plan）とは、不慮の出来事などに対する備え・対応、あるいは予期される事態に対する備え・対応のことである。危機管理の基本中の基本でもある。

２０１９年10月12日、ラグビーワールドカップ組織委員会は、上陸の可能性が高い大型台風19号の影響を考慮して、10月12日予定されていたイングランド対フランス、ニュージーランド対イタリアの２試合の中止を決定した。その結果、試合は規定により引き分けとなり、ニュージーランドは決勝トーナメント進出が決定、イタリアは予選プールでの敗退が決まった。

安全を最優先しての決定には誰も異論はないはずである。私も安全を最優先にしたこの決定は妥当であったと思う。

しかし、ラグビーワールドカップの歴史上、一度もなかった台風による試合中止について、海外メディアはいっせいに猛烈な批判をした。中でも「対応策を練る時間はあったはずだ」という批判に私は注目した。

リスクマネジメントの視点から見ると、今回の組織委員会の決定は〝虫の眼〟で見た決定だった。もし、全体を鳥瞰する〝鳥の眼〟、時間軸の流れで見る〝魚の眼〟の視点を持っていれば、他にやるべきことはあったことに気づくことができたのではないだろうか。

つまり、危機管理の基本中の基本であるコンティンジェンシー・プラン――予期される事態、不測の出来事などに対する備え・対応があったのかということである。

ラグビーワールドカップの日本開催が決定したのは2009年7月で、開幕から10年も前のことだった。開催日程が9月から10月であることを考えれば、日本人なら試合の会場のある地域で台風の直撃を受ける可能性があったことは十分に予想できたはずである。

10年もの時間があった中で、開催国の日本が主導権を持って組織委員会と協議して、台風に備える代替案を準備できなかったのか。

危機管理の鉄則である「悲観的に準備する」、つまり、コンティンジェンシー・プランを準備することを怠ったと言わざるを得ない。リスクマネジメント・危機管理の「基本中の基本」ができていなかったことは、非常に残念なことであり、日本中が湧いたワールドカップにあって後味の悪いものを残してしまった。

もしコンティンジェンシー・プランを用意して台風の影響を受けなかったなら、それは無駄になってしまう。しかし、それは〝必要な無駄〟ということだ。

旅客機の運航では、出発前に飛行ルートの突然の閉鎖や、ルート付近の気象状況が予報より悪化した場合に備えて、コンティンジェンシー・プラン（代替の飛行計画）を準備することがある。また、飛行ルートの風の予報が大きく外れたり、航空交通管制上の理由で目的地への到着が大幅に遅れて、予想より多くの燃料を消費する可能性に備えて、コンティンジェンシー・フューエル（予備燃料）も搭載する。

これらの準備も飛行計画どおりに運航できれば無駄になる。

危機管理を徹底して、最悪の事態を防ぐためには「無駄」が必要であることを、ここでもあえて強調しておきたい。

悲観的に準備しておけば、台風が来ても、飛行計画どおりに飛行できなくなっても、慌てることなく、楽観的に落ち着いて対応できるのである。

他方、2019年10月に日本列島に上陸した台風19号では、日本人はうまくリスクマネジメントをした。テレビやラジオでは、台風が上陸する前から「命を守る行動をしてください」と繰り返して報道し、鉄道各社は早めの計画運休を実施した。一般住民も停電に備えて、懐中電灯、パン、カップラーメン、水などを買い求めて備えていた。

このような悲観的な準備できたのは、その1カ月前に台風15号が房総半島を直撃した際に、千葉県南部を中心に甚大な被害を及ぼしたことで、被災地の惨状を繰り返し報道していた影響もあっただろう。理由はどうであれ、危機管理に甘い日本人でもやればできることを証明した。

悲観的に準備しても、台風の進路が予報とずれれば、その準備は無駄になる。被害が少なかった場合は、準備したものは無駄になってしまうが、想像を越えるような大雨と強風が伴う台風がやってきた場合は、こうした無駄が命や家財を救ってくれることもある。**自**

然災害に対する危機管理でも、「無駄」が必要なのだ。

危機には「予見できる危機」と「予見できない危機」のふたつがある

台風のように予見できれば対策をとりやすいが、実際には「予見できない危機」もある。予見できる危機と予見できない危機では、当然のことながら、それぞれの対応は異なってくる。

予見できる危機は、あらかじめ危機を予測できる点で危機回避も、危機に遭遇した場合の被害を軽減することも可能だ。だからこそ、対応の成否は「リーダーの予見力」がカギを握ることになる。

リーダーの予見力には主に3つの要素がある

①順調なときにこそ大切な高い問題意識、危機意識
②社会がどの方向（悪化か進化か）に動くかの予兆、傾向を見定める力
③歴史、他社・団体、過去の事例からその予兆を当事者意識で学ぶ力

人は順調な状態が続くと、頭では「油断してはいけない」「危機意識を高めておかないといけない」と理解していても、どうしても慢心しやすくなる。

危機の予兆を予見できたら、どうするべきか。まず、その**問題を先送りにしないこと**だ。問題の解決には多かれ少なかれ時間がかかる。とくに問題を解決するまでのタイムリミットが明確にある場合は、早めに手を打たなければ、だんだんと打つ手が少なくなってくる。

たとえば、地球温暖化を食い止めないと地球の持続可能性が危ぶまれるときに、対策をしないで問題を放置してしまうと、地球温暖化が進行するのは明らかだ。気温は上昇を続けて、自然災害が頻発するだけでなく、地球の生命体にとって大きな悪影響を及ぼすかもしれない。危機的状況になってから、対策を打っても手遅れになってしまうだろう。

昭和生まれの世代であれば、体感として「昔より夏が暑く、冬は暖かい」と感じているのではないか。それだけでなく、さまざまなデータが気温が上昇傾向にあることを証明している。こうした傾向を見極め、将来を予見できれば、将来のリスク回避に役立つ。

経営者と話をしていると、社会がどの方向に動くかの予兆や傾向にアンテナを張り、5

年先、10年先を見越して物事を考えている人が多いことに気づかされる。大切なのは未来を予測して的中させることではない。そもそも予言者でもないかぎり、５年後、10年後がどうなるかをピタリと当てることなどはできるわけがない。

大切なのは、近視眼的に現在だけを見るのではなく、遠い未来までを視野に入れて考え続けることだ。それを続ける中で予見力は磨かれ、将来のリスクのみならずチャンスを見通せるようになるのである。人より早くリスクを察知できれば、早く手を打つことができ、結果としてリスクを回避できる可能性が高くなる。

そして、**大切なことは「当事者意識」で考えることだ。**

地球温暖化が自分に関係ないと思っていれば、そのリスクに対して本気で取り組むことはできないだろう。生命の危機を感じるほどまで深刻化すれば、真剣に地球温暖化について考えるはずだが、現在のようにその問題がそこまで深刻でないと、当事者意識を持って本気で考えない人が多くなる。

ビジネスでも同じことがいえる。一般的に「仕事ができる人」といわれる人は、目の前の仕事に対して、高い当事者意識で取り組んでいるものだ。

一方で、当事者意識が低い人は、部下に仕事を任せると「部下に任せたから自分は関係ない」と、まるで他人事のように考えてしまう。

皮肉なことに、当事者意識が低いリーダーにかぎって、何か問題が起こったときだけ、急に当事者意識をむき出しにして部下を烈火のごとく叱責したりする。もし部下に任せながらも横目で見ながら、状況に応じて適切なタイミングで助言しておけば、そもそも問題が起こらなかったかもしれない。

当事者意識が高いリーダーであれば、たとえ部下に仕事を任せても適宜、様子をヒアリングするなどして、問題の芽を摘み、そのあとに大きな問題が起こらないようにする。そして、歴史やニュースなどに接してもイマジネーションを働かせながら「自分だったらどう行動していただろう」「こんな失敗をしないためには、こうすべきではなかったか」と自分事として考え、そこから知恵を学ぶものである。

排除できる3つの危機の原因

人間が関与して発生する危機の原因は、努力・工夫によって排除できるものがほとんどである。その典型的なものは次の3つだ。

・ヒューマンエラー
・コミュニケーションの不具合
・コンプライアンス

「ヒューマンエラー」「コミュニケーションの不具合」「コンプライアンス」対策の要点は、組織内に徹底する風土を構築することだ。

徹底すると決めた直後は、どんな人、どんな組織でもある程度、徹底できるかもしれないが、それを徹頭徹尾、継続することは難しい。

「徹底」を辞書で調べると次のように書いてある。

・行動・態度・思想が中途半端でないこと。
・すみずみまで行きわたること。

つまり、ある事を決めて、組織に浸透させようとするとき、10人中9人に浸透していても、1人がモレていれば、それは徹底したことにはならない。リーダーは、徹底するために何度も同じこと言い聞かせるような忍耐やしつこさを持たなければならない。

経営者と話している中で経営の秘訣を聞くと、「当たり前のことを当たり前にできるようになるまで徹底させること」という返答が多い。つまり、いかに基本確認行為を徹底することが、トラブルや危機を防ぐことにつながるかということである。実際に、トラブルや危機は、誰でもできる基本的な行為や確認行為が抜けてしまったことが原因になっていることが多い。

講演などで「基本・確認を徹底するのはどうしたらいいか」という質問を受けることがある。その際に、私は「基本・確認行員の5原則」として次の5項目を挙げている。

①基本・確認行為が抜けた場合の怖さを知る・教える

②基本（規定類・手順）について「なぜ?」「何の目的で?」を考えさせて気づかせ、納得

させる

③上司・先輩自身が基本・確認を徹底する

④基本・確認行為を徹底している部下や後輩を褒めて評価する

⑤指示は「早くやりなさい」ではなく「確実にやりなさい」

「コミュニケーションの不具合」を防止するには確認会話を徹底することと、悪い情報ほど速やかに上層部に報告することを奨励する風土を構築することだ。

そのためには、上司、経営層は悪い情報、耳に痛い情報を速やかに報告してくれた部下に感謝すること、そして、いわゆる「報連相（報告・連絡・相談）」を大切にすることである。

「コンプライアンス」については、その大切さをトップから現場まで周知するとともに、コンプライアンスに抵触した場合の危機を招くことを他社事例などで具体的に説明し、それを自分事として認識させることだ。

人間が関与して発生する危機をなくす取り組みにも、ある程度の無駄を許容することが大切だ。とくに時間的な効率性を追求し過ぎると、浸透する前にあきらめてしまうことになりかねない。あくまでもしつこく、地道に浸透させていくことである。これらの3つの対策をしていくことで、危機の芽は確実に減らせるはずである。

私が経験した予見できる危機への対応事例

コンピュータ化、自動化が進む時代にあっても、あくまで主役は人間であり、コンピュータ化、自動装置に不具合が生じた場合は慌てずに**「基本に立ち返れ（Back to Basic）」がリスクマネジメントの基本である。**

私の過去の記憶を振り返ってみて、「予期できる危機」の代表的なものは、コンピュータの2000年問題――コンピュータシステムの内部で、日付が西暦の下2桁だけを表示し、上2桁を省略していることが原因で、西暦2000年になる瞬間にコンピュータが誤作動する可能性があるとされた――である。

1999年12月31日の23時59分59秒から2000年1月1日0時0分0秒になる瞬間にコンピュータが誤作動して危機を招くと早い段階から予見されていたこの問題は、発生するタイミングが明確だった珍しいケースだが、タイミングがわかっていても、何が起こるかがはっきりしなかったため、多くの人はそのときまで不安を抱くことになった。

当時、運航安全推進部長であった私は、飛行中に1999年12月31日から2000年1月1日に日付が変わるホノルル発成田便を乗務していた。

コンピュータが誤作動する可能性は予見できていたので、コンピュータに頼らない、昔ながらの飛び方をすればいいと準備をした。

その準備とは、コンピュータによって正確な位置や風向、風速、対地速度を表示させる代わりに、コンピュータが装備されていなかった時代のダグラスDC8型機の副操縦士時代に使用した風力三角計の計算盤を使っての推測航法を使うことだった。

それだけでなく、航空交通管制側のコンピュータが誤差動した場合に備えて、航空機同士の管制間隔も正常時よりも大きくとった。また、燃費のよい飛行高度を航行できないことを想定して、通常時より多くの燃料を搭載してホノルル空港を出発した。

そして、太平洋上で1999年から2000年に変わる30分ごろから風力三角計の計算盤を取り出した推測航法を準備した。しかし、結果的に1999年から2000年に変わる瞬間に何も起こらなかった。念のため、副操縦士とコンピュータ類と計器類を確認したが、すべて不具合はなかった。

この準備は結果的には無駄になったかもしれないが、必要な無駄だったと思っている。たとえ予見、予期したようにコンピュータにトラブルが発生しても、私は悲観的に準備していたことで、慌てることもなく、風力三角計の計算盤を使って冷静に対処して、大事に至らずに済んだだろう。

コンピュータ化、自動化が進む時代にあっても、あくまで主役は人間であり、コンピュータ化、自動装置に不具合が生じた場合は「慌てず！ Back to Basic」で対応することが重要であることを教えてくれた。デジタル全盛の時代にあって、アナログ的な対処法を知っておくことも重要ということである。これも危機管理の基本であることを強調したい。

無駄に終わっても危機管理には無駄が大事

では、「予見できない危機」についてはどう対応すればいいのか。

予見できる危機、想定される危機に対しては、それなりの意識とOODAループのスキルを活用すれば、あらかじめ相応の準備ができるため、危機の「回避」「被害低減」はそれほど難しいことではない。

一方、数百年に一度あるかないかの自然災害や、これまでに経験したことがないような予見できない危機、想定外の危機への対応は、危機管理能力の優劣が「予見できる危機」以上に顕著に現れる。まさにリーダーとしての真価が問われるのは、こうした危機への対応である。

本書では、無駄の重要性を繰り返してきた。「予見できない危機」に対応できるか否かのカギを握るのは、「無駄と思える」「無駄だと非難される」ほどの備えをしておくことにある。

効率的であることがまるで「善」であるかのような世の中になりつつあるが、効率化の行く先に、大きな危機があると感じている。

たとえば、2011年3月11日の東日本大震災によって起こった福島第一原子力発電所事故の原因のひとつは、「無駄がなかった」ことだ。

もし、津波が来ても大丈夫な高所に予備の電源が設置するなど、平時には無駄にしか思えないような備えがあれば、原子炉を冷却するための冷却水を送るポンプを作動させる電

爆発で原子炉建屋上部の天井と壁が崩壊した東京電力の福島第1原子力発電所1号機。（福島県大熊町）
［東京電力提供］

源を津波で失なわず、あの大事故は避けられたかもしれなかった。

現在、原子力安全推進協会の原子力発電所運転責任者講習の講師を務めており、各地の原子力発電所の視察を行う機会が多い。福島第一原発の事故の教訓もあって、現在の原子力発電所ではバックアップ電源を5重、6重に用意している。

5重、6重と聞いて、「それはいくらなんでも多すぎではないか」と思った人もいるだろう。たしかに、数百年に一度の津波が来なければ、そんなにたくさんのバックアップがあっても使う必要はないので無駄になるが、万が一、数百年に一度クラスの津波が来ても大丈夫という体制になっている。その無駄を目の当たりにして、福島第一原発のような同じ過ちを繰り返すことはないと確信できるほどだ。

現代社会は効率化、コスト削減に躍起だが、想定外の事態が起こったときのために無駄になってもいいぐらいの気持ちで危機に対応できる体制をつくっておかないと、最悪の結果を招くことになるということだ。

「無駄」な備えは、１００％に近い確率で無駄に終わってしまう。しかし、**たとえコスト競争が激しい世の中であっても、危機管理には絶対に〝無駄〟が必要である。**

予見できない危機に遭遇したときのリーダーの心得

２０１９年９月の台風15号、10月の台風19号で、関東地方を中心に甚大な被害が出た。今まで経験したことのないような自然災害は、地球温暖化の影響もあり、想定外の危機とはいえなくなってきている。今まで経験したことのないような台風が来年もやってくるかもしれない。

予見できない危機に遭遇して最悪の事態になることを防ぐには、その対策に無駄に思えるお金がかかることを、リーダーは社内、団体内で共通の理解を得る努力が求められる。結果的に無駄に終わることがほとんどだが、「危機管理に無駄が必要だ」という認識を内部で共有することが最悪の事態を招かないために重要だ。

予見できない、予期しないトラブルが発生すると、当初は状況に関する情報は断片的で全体像を把握することが難しい。まず、最悪の事態を想定した体制で対応を迅速に実施し、状況を把握でき次第、順次その体制を縮小していくやり方が、最悪の事態を防ぐための危機管理の基本である。これは日本人が陥りやすい「今さらどうにもならない(Too Little Too Late)」を回避するために必要なことである。

しかし、毎回、当初から最悪の事態を想定した体制をとることは、費用対効果の面からも現実的ではないかもしれない。そこでリーダーは、トラブル発生直後における少ない情報をもとに、起こった事象がどのような影響を及ぼすか、それがさらに拡大する可能性があるか、沈静化するのか、過去の内外の事例や社会的影響などに照らして洞察をし、最悪の事態を想定した体制をとるかどうか決断する。そして、迷った場合は、嫌われることを覚悟して、躊躇なく「最悪の事態を想定した体制をとる」ことである。

危機を未然に防ぐために必要な心構え

多くの人は、冷静なときには「人間は必ずミスをする」と考えている。ところが余裕がなくなると、「人間は必ずミスをする」ことを忘れてしまい、謙虚さを失ってしまう人がいる。どんな状況でも謙虚でなければ、いつか思わぬ落し穴に落ちる危険性がある。

コンピュータや機械を盲目的に信じるのも危険だ。故障することもあるだろうし、壊れることもある。そのような前提で考えていないと、何か起こったときにパニックに陥り、冷静な対処はできない。

機械やコンピュータを使うのは人間である。どんなに優秀な人でも、どんな真面目に仕事をしている人でも、ヒューマンエラーはゼロにはできない。コンピュータをフルに活用した自動システムのほうがはるかにエラーは少なく確実な仕事をしてくれるかもしれないが、その自動化システムは人間が考え、人間がつくったものである。故障することもあるし、使い方を間違って不具合が生じることもある。

ＩＴ、ＡＩの進歩は目覚ましい。人間に代わってさまざまな作業をしてくれるＲＰＡ

(Robotic Process Automation)などの導入も進み、各分野で自動化が進んで大変便利な世の中になってきている。それでも人間が主役であることを忘れてはいけない。

そして、いくら信頼し合っている人同士であっても、必ず確認し合うような慎重さ、謙虚さを持っておきたいものである。

「人間は必ずミスする」「機械やコンピュータは壊れることもある」「壊れなくても使い方を間違うと大変なことになる」「人間は自然には勝てない」という前提で物事を考えることが「悲観的に準備する」ことの基本中の基本である。

事例③　ボーイング737MAXの2度の墜落事故から考える

90ページでも触れたように、2018年10月29日にインドネシアのLCCライオン・エア610便、2019年3月10日にエチオピア航空302便が相次いで墜落した。いずれもボーイング737MAXだった。2019年12月の時点で公表されている事故調査報告書及び暫定事故調査報告書を見ると、このふたつの事故の教訓は、今後自動化が進んでいく中でのリスクマネジメントである。

2件の事故機の公開されている飛行データを見るかぎり、ボーイング737MAXのMCAS（操縦特性補助システム）の不具合と、乗員のそれに対応した操作が関与している可能性が高いとみられている。

2系統あるセンサーのうちひとつのセンサーからのシグナルでMCASが働いてしまうというボーイングの設計の甘さもあった。またそれを認証したFAA（アメリカ連邦航空局）の判断も甘かったと言わざるを得ない。

事故を受けてボーイング社は2系統のシグナルを採用して、ふたつのシグナルが一致してある値以上になったときＭＣＡＳが作動して、パイロットの操縦性を高めるようにソフトを改修して、技術的な問題は解決したはずであるが、アメリカの議会における公聴会、ＦＡＡの認証手続きが甘かったことなどが指摘されていることや、政治的な要因などから２０１９年12月末の時点では運航再開が遅れている。

公開されている事故調査報告書、暫定的事故調査報告書の飛行データを見ると、ライオン・エアのパイロットは最後までシステムを切り離すスイッチを使用していなかった。エチオピア航空のパイロットは墜落寸前にそのスイッチを使用した形跡はあるが、その時点ではすでに操縦不能となっていた。

じつは、ライオン・エアの事故機では、墜落する前のバリ島発ジャカルタ行きのフライトで同様のトラブルが発生していた。その便のパイロットは、トラブル発生直後、すぐにシステムを切り離すスイッチを使用して難を逃れている。アメリカ国内の航空会社でも、数回同様のトラブルが発生していたが、いずれもシステムを熟知しており、トラブルを適切に処理して無事に着陸していた。

このふたつの事故からの教訓として、自動化が進む中で、メーカーはシステムにリダンダンシー（冗長性）を持たせる設計と顧客（使用者側）に便利さを強調する以上に、システム、使用法、自動装置に不具合が生じた際の対処法、特に手動への簡単な切り替え方について、わかりやすい説明資料と丁寧な説明をすることが重要である。

今後、自動化が一層進む中でリスクマネジメント上、考慮すべきことは、コンピュータにトラブル、異常が生じたら「Back to Basic（基本に戻れ）」、つまり人間の操作に戻すことだ。

私は約40年間、高度1万メートルから地球を眺め続けてきて、思い至ったことがある。

自然が人間を生み、その人間がコンピュータを生んだことに気づいた。自然と人間では自然が主役であり、人間とコンピュータとでは、どんなにコンピュータが進歩しても、人間が主役であるべきだと。人間が困難なこと、危機的状況に遭遇したら、自然の摂理に戻って対応しようという、シンプルではあるが、真理に近いことを地球から教えられた。

自動化が進む時代にあって、世に中に完全なものはない、「絶対」ということも有り得ないという前提に立ち、OODAループを実践してもらいたい。そのような心構えを持って、自動化、IT、AIが不具合になった場合に、基本的な対応がいつでもできるようにしておけば、たとえ先進技術による機器類がトラブルになっても、慌てることなく、冷静に対応して、危機を招かずにすむ。これは、どんな世の中になっても「悲観的に準備し、楽観的に対応する」という危機管理の鉄則である。

第8章

OODAループ④

Decide
決断力を磨く

リーダーが決断するときに求められる3つのこと

リーダーは決断しなければならない。特に危機時には、迅速な決断が求められる。そのときに大切なことは次の3つだ。

① 「何を最も大切にするか」という重要度の選択

② 「覚悟」できる思い切りのよさ、大胆さ

③ 「Too Little Too Late」にならないために、日ごろからOODAループの意思決定手法を身につけておくこと

この3つのポイントについて説明する前に、「決断」という言葉について考える必要がある。「決断」とは何か。「判断」と「決断」は何が違うのか。この捉え方を誤れば、決断は決断ではなくなり、決断したあとに続く適切な「行動（Act）」ができなくなってしまう。

「判断」と「決断」の違いを明確にしておく

意思決定には、「判断」と「決断」がある。人によっては同義語のように使っているかもしれないが、リスクマネジメント・危機管理を行ううえでは、「判断」と「決断」を明確に区別して理解する必要がある。しかし、残念ながら日本人は、「判断」を「決断」と思い込んでいる人が多い。

いずれの言葉も複数ある選択肢からひとつを選んで、その他を断ち切る点では同じだ。判断の「判」はわきまえるという意味だ。簡単に言えば、たくさんある選択肢からひとつの選択肢に絞ることだ。一方、決断の「決」は、文字どおり「決める」ことだが、何を決めるのか。それは「判断した選択肢を実行する」と決めることである。

判断は頭の中だけでも完結するが、決断には必ず「行動」が伴う。危機が迫っているときに、行動が伴わない「判断」をしたところで、危機を回避できるわけがない。この違いを理解していない人が多いのではないか。

別の見方をしてみよう。

「判断基準」という言葉がある。この基準には、さまざまなものがあるが、法律や規則、データ、常識などを基準にして判断することになるだろう。しかし、「決断基準」という言葉はない。なぜなら決断には基準はないからだ。そこにあるのは「きっぱり決めること」だけである。

判断基準になるものは、データや法律といった過去につくられたものだが、**決断は「これからどうするか」という未知のものになるため、トップやリーダーは、「自分はこうする」「大切にするのはこれだ」と自らの意思で決断しなくてはならない。**判断には「正しい判断」と「間違った判断」があるが、**決断には「正しい決断」や「間違った決断」はない。「行動」と「結果」のみがあるだけだ。**言い換えれば、「決断」は「これからどうするか」を、自分自身の「こうするんだ」「大切にするのはこれだ」という信念やポリシーに従って、肚をくくることだ。決断には「覚悟」がなければならない。

「覚悟」が伴う決断は「肚」で決める

覚悟とは、自分の決断によって起こることをすべて受け容れることにほかならない。判断は頭の中で考えることだが、決断＝行動である。それゆえ、「誰かに何か言われるかもしれない」「自分にとって不利なことにならないか」など、いろいろ考えてばかりでは、迷いや恐れが生じて決断できなくなってしまう。

だからこそ、トップやリーダーは責任を負う覚悟して、「肚」を決める――つまり、覚悟を決めて決断することが求められる。決断できなければ行動できない。覚悟がなければ実行力が伴わない。結果的に事態を悪化させる決断をしてしまう可能性があるということだ。

とくに非常時や危機に遭遇した際の意思決定は「判断」している時間的猶予がないこともあり、素早い「決断」を求められる。

決断力を磨く方法として、日常生活において10秒以内に決断する習慣をつけていくことも効果がある。たとえば、レストランでメニューを見たら10秒以内に何を食べるか決める。メニューを決めたあとは、絶対に後悔しないこと。自分が決めたメニューの料理をおいしく食べる（受け容れる）。そうすることにより、決断と覚悟の関係も自然と身についてくる。妻から「今日の晩ご飯は何がいい？」と聞かれたら「何でもいいよ」ではなく、「何々が食べたい」とはっきり答える。それが実現するかしないかにかかわらず、素早く具体的に答える。

もちろん、急ぐ必要がない重要な決断を10秒で決める必要はないが、素早く決断しても大きな問題にならないようなことについては、決断する訓練のために、日常から素早く決断するようにすると、決断のコツがつかめるようになる。

組織においては職位が上がるほど、「判断」より「決断」を求められる割合が多くなる。トップの最も重要な役割は「決断」と言ってもいい。

決断には基準がない以上、「こうするのだ」「これはしない」ときっぱり決めなくてはならないが、そのときに大切になってくるのは、最も大切なものや重要なもの以外は捨てる思い切りだ。

日本には「判断」するだけで、「決断」できないリーダーが多い。「決断」が苦手なのだ。企業でも国でも、何かの委員会でもその傾向がある。

「判断」は優秀な部下に任せてもいい。しかし、「決断」はリーダーがしなければいけない。そして自分の決断によって起こることを、すべて受け入れる潔さが必要である。「判断」

はするが、「決断」はしない上司がいたら、あなたはどう思うだろうか。みなさんの周囲でも思い当たるリーダーがいるかもしれないが、とても頼りなく、情けなく見えるはずだ。

リーダーにとっての決断力は、価値観、使命感、哲学、人生観、経験知（特に修羅場では必要になる）、先を見通す洞察力、本質を見極める「見識」、そして覚悟を持った「胆識《たんしき》」によって磨かれていく。

「胆識」は、「肚で決める」経験をしなければ磨かれないが、稟議《りんぎ》制度に代表されるような責任の所在をあいまいにするようなシステムは、リーダー、トップが肚を決めて決断する力をスポイルしている。その結果、リーダーの能力を発揮させづらくしていると私は考えている。責任の所在がはっきりしないシステムや組織形態は、真のリーダーをつくるうえでの弊害になる。こうしたことも決断ができるリーダー、危機時にリーダーシップを発揮できるリーダーを育成するうえで変えていく必要があるだろう。

「天が見ている」で嫌われる決断をする

ここまで述べてきたことは、主に平時おけるリーダーに求められるリーダーシップである。非常時、緊急時には「何でも言える雰囲気」を重視していたのでは、時間が待ってくれない。状況によっては部下たちに疑問視されようとも、全員に嫌われるようとも、決断をする勇気、そして覚悟ができなければ、組織を預かるリーダーとしての使命をまっとうできない。のちのちのことを考えてしまって迷ったり、嫌われたくないばかりに「嫌われる判断」ができないと、危ない決断をしてしまうことがある。

たとえば、複数のケガ人を出すような大規模な事故があったときに、医師は手当ての緊急度に従って優先順をつける「トリアージ」を行う。「絶対助からない」、「まず助からない」と判断した人たちの治療はあとまわしにして、「助かる重傷者」を優先して治療するためだ。

当然、医師はできるだけ多くの人を救いたいと思っている。しかし、人的リソースが限られる中で負傷者全員にバランスをとりながら治療をすれば、助かる可能性がある人まで救えなくなる可能性がある。

とはいっても、「絶対助からない」、「まず助からない」と判断された人の家族にとっては、まだ呼吸が残っている状態で治療をせずにおかれたらたまったものではないだろう。一生恨まれるかもしれない。ある意味、究極の嫌われる決断だ。

大事なもの以外を捨てる決断は、あとから非難を受けたり嫌われる対象になる。しかし、そこで好かれようとすれば、さらに悪い結果を招きかねない。

大切なのは、自分の信念、価値観、重要度で覚悟をもって決断することだ。

かつての私はこう考えて決断していた。

「目先、嫌われてもいい。その結果は歴史が評価してくれることだってある」

つまり、そのときは嫌われたとしても、のちにそのときの決断が結果的にうまくいっていれば、理解してもらえるときがくる——この考えを拠りどころにしていた。

ただ、似たような状況で別のリーダーが嫌われたくないばかりに、ある意味、保身を優先した「嫌われたくない」決断をして、それでも結果的に何も起こらなければ、「嫌われる決断」した自分は嫌われ続けるかもしれない。そこまでを覚悟して決断してきた。

実のところ、嫌われる決断がのちに再評価されることはほとんどない。それでも自分が正しいと思う選択をしてきた。その中で、私は「歴史の評価を気にしていたら、危ない決断に近づくかもしれない」と自分を戒《いまし》めるようになった。そして、最終的にはこう考えるようになった。

「歴史が評価してくれなくてもいい、天が見てくれている」

「天が見てくれている」という心境になったきっかけ

機長時代、私は「天が見てくれている」という心境で決断するようになっていた。そう考えるに至ったきっかけは、42歳のダグラスDC–10型機の機長のときだった。

人間はいかに強固な信念を持っていても、他人よりも強いメンタルを持っていると思っていても弱い気持ちはどこかにある。何かにすがりたくなったり、誰かに自分を見守っていてもらいたいと思ってしまうことだってある。

私が「天が見てくれている」という境地に行き着いたのも、自分の心の弱さかもしれない。「天」はいつでもどこでも私を見てくれている。そんな優しさがある一方、絶対に誤魔化すことはできないと畏怖《いふ》も感じていた。私利私欲や「褒められたい、評価されたい」という邪《よこしま》な気持ちを天はすぐに見透かし、私に「本当にそれでいいのか。自分のポリシーに従っているのか。最優先すべきものをあとまわしにしていないか」と強く迫ってくる。

私は、「誰も見ていなくても、天に背《そむ》くようなことはしてはいけない」と考えるようなったことで、危機的な状況に遭遇した際に、自分の決断に迷いがなくなった。

決断した時点で、肚は決まり、これから起こり得ることは、たとえどんなに非難されても、すべて受け容れようと覚悟ができ、泰然自若でいることができた。

これは余談だが、B747―400（いわゆるハイテクジャンボ）の機長として成田からバンクーバー経由のメキシコ便をフライトしたときのことである。

成田からバンクーバー空港に到着して、カナダへ入国する際の手続きでは、機長以下、すべての乗員の氏名および生年月日を入国書類の乗員名簿の一覧に記入する義務がある。バンクーバー空港から市内のホテルに到着したとき、ロビーでひとりの客室乗務員からこう言われた。

「キャプテ〜ン！　キャプテンと私の誕生日は同じ10月4日です。テンシの仲間ですよ〜」

意味を読めない私は「何で？」と質問せざるをえなかった。

「あら、キャプテン、10は英語でテンでしょう、4は日本語でシでしょう、だからテンシですよね」

さすがにここまで丁寧に説明されれば、いかに鈍い私でも、彼女の言っていることが理解できた。彼女とのフライトは1回きりだったが、「天使」という言葉がいつまでも頭に残ることになった。私は自分の誕生日が、「テンシ（私は「天の子」と解釈した）」である以上、天が見ているのに「嫌われる決断」を避けてはならないと、より強く考えるようになった。

称賛がなくても天は見ている――結果と称賛は別

私が日本航空に入社する少し前の1966年3月4日に、カナダ太平洋航空（現エア・カナダ）が濃霧の羽田空港に着陸を試みた結果、進入灯に衝突して64名の死亡者を出す事故を起こした。

この事故が起こる直前、羽田空港が濃霧で視界が悪いため着陸は無理と判断し、福岡空港にダイバード（代替空港への着陸）する決断をしたのが日本航空の浅間勝機長だった。福岡に向かっていた羽田空港から福岡空港に向かう途中にカナダ太平洋航空が事故を起こした。福岡に向かった日本航空の浅間機長は、当然のことながら事故を起こさず、英雄扱いされたという。

しかし、これも結果論だ。もし、カナダ太平洋航空の飛行機が無事に着陸していたら、「外国の航空会社の機長が着陸できたのに、日本航空の機長は、地元で習熟しているはずの羽田空港になぜ着陸できなかったのか」と非難を浴びていたかもしれない。

リーダーの決断とは、こんなものである。

ハドソン川の奇跡も犠牲者がなかったので、オバマ大統領就任式に呼ばれるほどの英雄扱いを受けたが、犠牲者が出ていればその扱いはかなり違っていたはずだ。逆にいえば、セウォル号の悲劇も、たとえ船長が逃げ出していても犠牲者が出ていなければ、あれほど社会に大きな衝撃を与えていなかったかもしれない。

大切なことは、**リーダーは人の評価などは気にせず決断することだ。**評価してくれなくても天が見ている――私はそう考えて、決断してきた。

神戸を救った日銀神戸支店長の〝嫌われる決断〟

現場のリーダーがリーダーシップを発揮して、ルールなどに縛られない覚悟の決断をして危機を回避した例として私が鮮明に記憶しているのは、１９９５年１月17日の阪神・淡

遠藤勝裕氏。早大政治経済学部卒業後、日本銀行に入行。神戸支店長、電算情報局長を経て、日本証券代行社長、ときわ総合サービス社長、日本学生支援機構理事長などを務めた。

路大震災のときの日本銀行神戸支店の遠藤勝裕支店長（当時）だ。

遠藤支店長は地震後、周囲の惨状を目にし、自分がこの大災害に際して何をすべきかを考え、日本銀行という組織において「嫌われる決断」をした。

大規模災害の発生など緊急時には、銀行をクローズするのが普通だが、銀行を閉めるどころか、金庫を開けた。そして札束を用意し、通帳や印鑑がなくても免許証などの身分を確認できるものがあれば、お金が借りられるだけでなく、半焼けの紙幣を普通の紙幣と交換できるようにする金融特例措置を独自の判断で出した。

もしこのとき、東京の日銀本店や大蔵省本省にお伺いを立てていたら、承認されないか、承認されたとしても相当な時間を要したはずだ。

この遠藤支店長の決断は、多くの被災した人々を助けた。

1995年１月17日に起きた阪神淡路大震災によって被災した銀行は日本銀行神戸支店の前で仮看板をかかげて営業した。

遠藤支店長がこの決断をする際に「肚を決めた」ことは容易に想像がつく。おそらく、クビを覚悟で決断したはずだ。まさしくOODAループによる意思決定と行動をした事例である。

おそらく日銀内部では遠藤支店長の行動についてはいろいろな意見があったはずだ。その後、委員会にかけられて、クビになりかけたが、結局クビにはならなかった。日本を代表する官僚組織ともいえる日本銀行にも、遠藤支店長のような真のリーダーがいたのである。

〝日本のシンドラー〟と呼ばれた杉原千畝の決断

戦前にもＯＯＤＡループの意思決定と行動をして、多くのユダヤ系難民を救った人がいる。元外交官の杉原《すぎはら》千畝《ちうね》だ。

第二次世界大戦中、リトアニアの領事館に赴任していた杉原は、１９４０年７月から８月にかけて、ドイツのナチスの迫害により欧州各地から逃れてきたユダヤ系難民たちの窮状を見て、大量のビザ（通過査証）を発給した。外務省からの訓令に反してまでも、避難民を救った話は、あまりにも有名である。

第二次世界大戦中、外務省からの訓令に反してユダヤ系難民に大量のビザを発給したことで知られる杉原千畝。

日本の社会で、戦闘機のパイロット、民間航空業界の機長、元日銀神戸支店長や元外交官の杉原千畝氏のような意思決定ができるようにするには、組織における権限、責任についての整備、そして現場で柔軟にかつ的確に判断・実行ができる優秀な人材リーダーの育成が必要になる。これは大きな組織に当てはまることである。

一方で、厳しい経営環境下で成功している中小企業のオーナー経営者や自営業者には、「ＯＯＤＡ」という言葉は知らないものの、ＯＯＤＡを実践している人がいる。

脆弱《ぜいじゃく》な経営基盤の中小企業であるがゆえに、常に危機意識が高いうえ、幸か不幸か頼る人や責任を転嫁する相手がいないために、つねに覚悟を持って決断しなければならないため、いつのまにか「ＯＯＤＡ」を身につけ、ごく自然に実行しているのだ。

戦争であろうと、競争であろうと、事業や業務であろうと、すべてが意思決定して行動した結果である。意思決定の一歩手前の情報への感度、情報収集、状況・情勢判断の成否が、結果となって現れることから、日ごろからＯＯＤＡループを意識して磨いていけば、経営でも、ビジネスでも、リスクマネジメント・危機管理でも成果を期待できるようになる。

これから行う意思決定が未来を決める

〝今〟は過去の意思決定の結果であり、〝今〟行おうとしている意思決定がこれからの未来を決める。つまり、**「意思決定」は未来の運命を決める重要なものである。**

意思決定は、すなわち「行動」することである。

日常業務にしろ、日常生活にしろ、そしてリスクマネジメント・危機管理においても、成果を出すため、危機を防ぐために一連のOODAループを活用できることを忘れないでいただきたい。

第9章

OODAループ⑤

Act
楽観的に対応する

行動が結果を決める

ＯＯＤＡループの最後の行動（Act）があって結果がある。意思決定をしても行動することに迷いがあったとしたら、観察（Observe）－状況判断（Orient）が水の泡となってしまう。先述したとおりＯＯＤＡループにおける行動は、意思決定と一体になってこそ成果を発揮する。意思決定したら、迅速かつ果敢に実行することである。そのためには「悲観的に準備」が前提となる。

楽観的に対応する

リーダーとして危機に遭遇した際に「楽観的に対応」するには、日ごろから何を大切にするか、状況によっては「嫌われる決断」をする覚悟を肚に納めておく必要がある。部下との信頼関係を築いておくとともに、組織として何を一番大切にするかという重要度の認識を共有しておくことも、危機対応にとって非常に大切であるのはこれまで説明したとおりだ。

そして最後は、「楽観的に対応」することで、危機回避を目指すOODAループの「行動（Act）」のフェーズになる。

私が実際に経験した「悲観的に準備し、楽観的に対応」

1990年8月に海部俊樹首相（当時）は中東5カ国歴訪することになっており、私は海部首相特別便の機長を務めることになっていた。それに先立って、同年7月中旬から2週間をかけて当該国の空港などの調査を行うことにした。

7月27日にヨルダンのクイーンアリア国際空港からアンマン市内のホテルに向かう途中に2カ所で警備の兵士にタクシーを止められて、持ち物の中身を調べられた。私はIDを提示して「来月、日本の首相があなたの国に公式訪問する。そのための準備に来たのだ」と説明をしたものの、自動小銃を突き付けられ、荷物を開けさせられた。

ホテルに到着後、フロントで「なぜこんなに警備が厳しいのか」と尋ねると、「イラクの戦車隊がクウェートの国境に集結しているからだ」という説明を受けた。

一瞬、「クウェートが危ない」と日本航空の東京本社に連絡しようと思った。しかし、

1991年2月、イラク軍がクウェートに侵攻。イラク軍が埋めた地雷を爆発させながら進む多国籍軍（エジプト軍）の装甲車。

冷静に考えてみると、アメリカ政府も日本政府も、当然この事態を把握しているはずで、日本航空も政府から連絡を受けているに違いない。そう思い直した私は、東京に連絡はしなかった。

ちょうどそのころ、ＯＰＥＣ（石油輸出国機構）総会が開催中で、原油価格を１バレル＝21ドルで調整している中、イラクが１バレル＝25ドルを主張していた。

私はイラク軍が国境に集結しているのは、クウェートを含む他のＯＰＥＣ諸国に、イラクが主張している原油価格まで歩み寄らせるための、ある種の脅しだと思っていた。

中東5カ国の調査を無事に終えて、7月31日に私は東京に戻った。その2日後の8月2日、イラク軍がクウェートに侵攻したというニュースが飛び込んできた。

「やはりそうだったのか！　あのときクウェートが危ないと知らせればよかった」

今でも、私はそう悔やんでいるが、振り返って考えてみると、たとえ私がそのことを知らせたとしても、一機長からの情報で国や会社が動くはずはなかった。

その後、クウェートに侵攻したイラクは、クウェートおよびイラクに在留していた一部外国人の出国を国際法に違反して禁止した。結局、イラクに在留していた日本人のうち8月14日までに出国しなかった214人の出国は認められず、その一部はイラクの戦略的重要性が高い施設などに分散して収容されてしまった。日本人をはじめとする外国人を人質にとり、「人間の楯」としたのである。

国連の安全保障理事会は、たびたびイラクに対する非難、制裁決議を出し、人質の解放や待遇の改善についてイラク側に働き掛けた。その結果、イラクは段階的に人質を解放することに同意し、まず女性と子どもが解放されることになった。

私は9月1日に日本人の女性・子どもを救出するフライトを担当することになった。

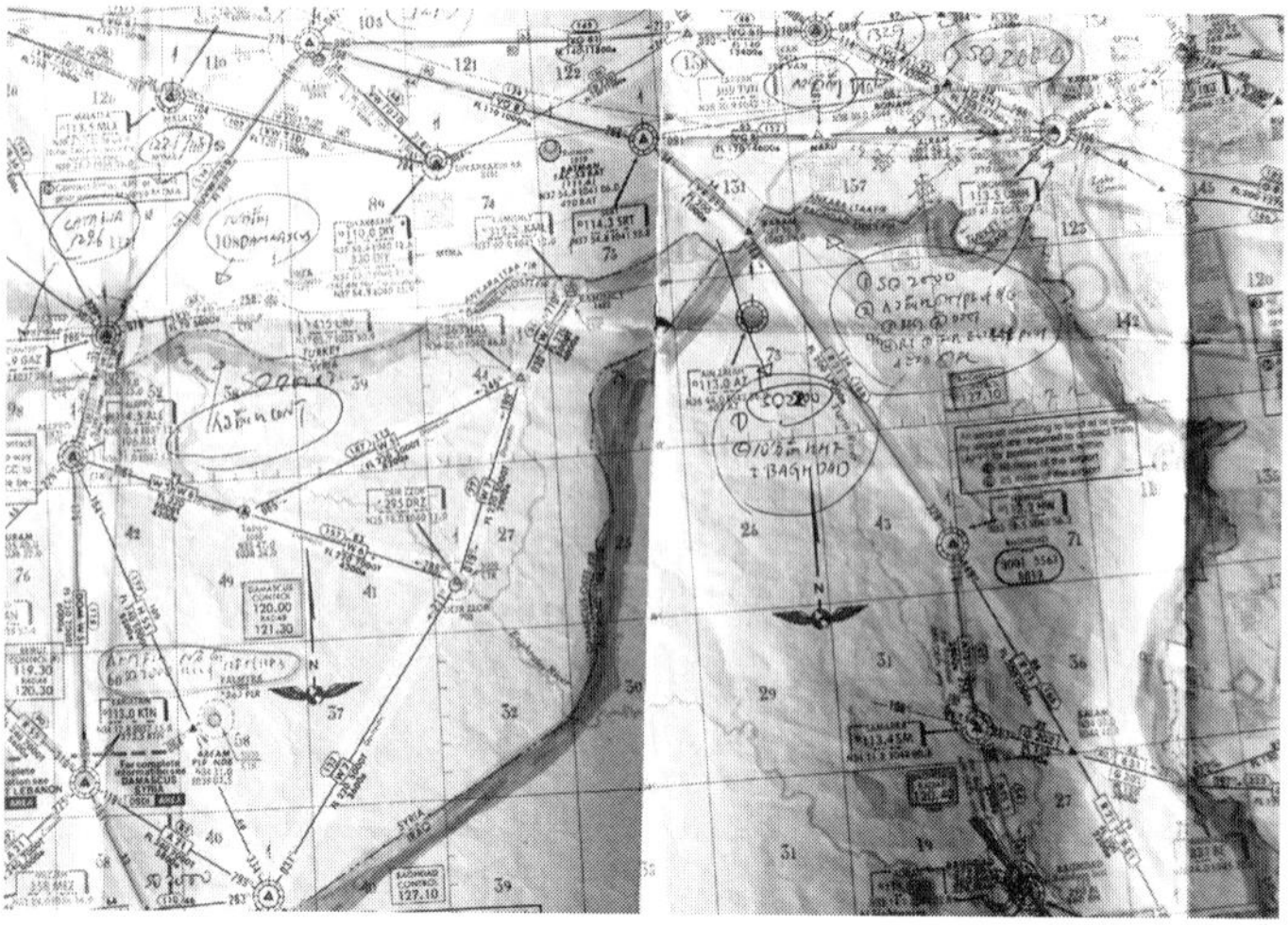

イラクに対して空域封鎖していた当時、私が使用した航空路図

イラクのバグダッドで解放されて、ヨルダン・アンマン空港で待機していた子どもが母親と一緒に日航機に近づいてくるのを操縦席で目にしたときは、こんな幼い子どもたちまで人質になっていたのかと目頭が熱くなったことを覚えている。

9月25日になると、国連の安全保障理事会は、イラクに対する経済制裁の実効性を高めるために、イラクに対する「空域封鎖」（Air Embargo）などの追加制裁決議案（国連安保理決議第670号）を採択した。この「空域封鎖」の具体的措置は、医薬品や人道上必要な食料品などを除いて、次の2項目からなっている。

①自国領から貨物を運搬するイラク・クウェートへの航空機の離陸の禁止
②イラク・クウェートを目的地とする航空機が、自国領空通過を求めた場合、指定空港への着陸と、貨物の臨検を必要とする

国連安保理による「空域封鎖」が採択された2日後の9月27日から28日にかけて、トルコ領空を飛行中のインドと旧ソ連の民間航空機がアンカラ国際空港に、ポーランドの民間航空機がアダナ空軍基地に、それぞれ強制着陸させられて搭載物の臨検を受けた。

そして10月5日、私はイラクから解放されてヨルダンのアンマンに待機していたフィリピン人の救出フライトを実施した。目的地がイラクのバクダッドでないことから国連安保理決議の項目に抵触することはないだろうが、こうした緊迫した国際情勢下においては、現場では行き過ぎたことが起こり得ることも想定して、悲観的に準備した。

具体的には、会社の貨物部門に搭載荷物の英語のリストを作成してもらい、運航管理部門には、トルコ領内の民間空港、軍用空港のチャートを準備してもらった。

イラクへの航空路は、トルコ領内からバグダッドに向けて南下するR21という航空路以外、すべてが閉鎖されており、臨検は必然的にトルコが担っていた。やはり、トルコ領空に入った途端に、トルコの管制官から目的地、飛行の目的、そして搭載物資を誰何《すいか》された。

私は悲観的に準備してきたため、淀《よど》みなく答えることができた。それが功を奏したのだろう。そのままイラク領空を迂回《うかい》して、トルコ、シリアの領空を経由して、ヨルダンのアンマンまでの飛行許可を得ることができた。

もしこのとき、搭載物資について正確に答えられなければ、最悪の場合、強制着陸をさせられて臨検を受けた可能性もあった。たとえ、強制着陸をさせられ、臨検を受けても、十分な準備と覚悟ができたので、「大丈夫だ」という確認をもってアンマンまでの飛行を続けることができたはずだ。

そして、同年12月9日、最後までイラクに〝人間の盾〟として留められていた日本人男性が解放された。彼らは日航機の尾翼の鶴丸を見て、ようやく日本に帰ることができると安堵したことだろう。私は最後までイラクに留められていた日本人男性の皆さんの姿に接したときは、「長い間の人質生活、本当にお疲れさまでした」と頭が下がる思いをした。

私が湾岸戦争直前の緊迫した国際情勢下で経験したことは極めてまれなため、一般の方はこれほど厳しい状況に遭遇することはまずないかと思われる。

ただ、あえて私自身の経験を紹介したのは、危機管理の本質を感じてもらうことを期待して、リーダーのみなさんには当事者意識を持って読んでほしいと思ったからである。もちろん、想像外のこともあるだろうが、イマジネーションを最大限に生かして、自分ならどんな準備をするか、不測の事態が起きたときにどのように対応するかを考えてみてほしい。

平時は「アフター・ユー」、非常時は「フォロー・ミー」

長年の機長としての経験などからリーダーとしての心得として行き着いたのが、平時においては「アフター・ユー（After You）」、非常時には「フォロー・ミー（Follow Me）」である。

平時において求められるリーダーシップは「役割遂行型リーダーシップ」であり、求められるマネジメントは「リソースマネジメント」だ。

図表 9-1　平時と緊急時のリーダーのあり方の違い

【平時】

アフター・ユー（After you）

→「ついていくよ」という姿勢でメンバーの能力を発揮させる

【緊急時】

フォロー・ミー（Follow me）

→「ついて来い！」という毅然な態度で強引にでも引っ張る

メンバーがそれぞれのリソースを生かして役割を確実に遂行し、専門、役割に応じたリーダーシップを発揮させるため、リーダーは「主役は君たちだよ、私は君たちのあとをついていくよ」くらいの心構えがチーム、組織の力を十分に発揮させるコツである。

一転して、非常時に最悪の事態を防ぐ被害局限対応では、覚悟をもって嫌われる決断と「俺についてこい！」という毅然とした姿勢が求められる。部下がついてくるためには「このリーダーならついていく」「このリーダーの言うことなら大丈夫」という信頼関係を日ごろから構築しておくことである。

リーダーの真価が求められるのは、非常時

のあり方だ。**リーダーは平時において「After You」であるからこそ、非常時に「Follow Me」に切り替えることで、その真価を発揮できる。**

平時と非常時の切り替えも、ＯＯＤＡループによる状況認識・状況判断－意思決定によって迅速かつ的確にできる。これも長年の経験から確信をもっていえる。私は現役のころにはＯＯＤＡという言葉を知らなかったが、今になって考えてみると、日常的にＯＯＤＡループを実施して、ハイジャック以外のさまざまなトラブルを経験し、イラン・イラク戦争、湾岸危機などの修羅場を乗り越えてきた。

ＯＯＤＡループは、難しいものでもない。日常業務・日常生活の中で意識して行っているうちに、誰でも身につくものであることは、自身の経験からも確信をもって言えることである。

特にこの章で強調したいのは、悲観的に準備して楽観的に対応すること、そして決めたことは迅速に果敢に実行することの重要性だ。日常の生活を送るときから、習慣化して身につけることにより、ＯＯＤＡループを効果的に実施できるようになっていただきたい。

第10章

ＯＯＤＡ時代を生き抜くリーダーに求められる条件

リスクマネジメント・危機管理は、自身の健康管理から始まっている

リーダーにとっての不可欠な条件のひとつに「自己管理」がある。

「自己管理」は、英語で「セルフマネジメント（Self-Management）」だ。私は「自己管理」ではなく、あえて「セルフマネジメント」という言葉を使うようにしている。なぜなら、「管理」という日本語の堅い響きに比べ、「マネジメント」という英語の響きは「やりくり」に近く、そのほうが自主的に取り組むことを後押しするような気がするからだ。

危機的状況においてはリーダーの判断・決断・行動によって、その結果が大きく変わるが、リスクマネジメント・危機管理に強いリーダーには、どんな能力や技能が必要とされるのだろうか。私自身の経験を踏まえながら、リスクマネジメント・危機管理に強いリーダーになるために必要な要素について述べていきたい。

まず私が強く言いたいのは、「**健康管理＝リスクマネジメント・危機管理**」ということである。健康を損《そこ》なえば、気力、判断力、決断力が低下する。それゆえ、私は自身の健康管理はリスクマネジメント・危機管理の基礎であると考える。健康管理とリスクマネジメ

ント・危機管理はまったく同じ考え方、取り組み方でいいということだ。日ごろから健康管理に気をつけていれば、そこで身につけたコツは、そのまま組織のリスクマネジメント・危機管理に応用できる。これは42年間一度も病欠せず、また無事故でパイロット人生を終えることができた私の経験から確信をもって言えることだ。

健康管理におけるケガや病気の予防も、リスクマネジメント・危機管理における危機の未然防止も、誰もがわかっている「こうしたほうがいい」「こんなことをしたらダメだ」ということを、どれだけ忠実に徹底できるかにかかっている。どれだけ「自己コントロール」できるかと言い換えてもいいだろう。

自分自身の健康管理で得たコツは、そのまま組織のリスクマネジメントに応用できる。逆もまた真なりである。

危機の未然防止に取り組んでも、いろいろなことは起こってしまう。もし危機が発生すれば、いかに被害を抑えられるか（＝治療）、そしてその後は信頼回復に努め、二度と同じことを繰り返さないために「再発防止」に取り組む。これは「リスクマネジメント」とまったく同じである。

とくに中小企業では、社長やトップが病気やケガをしたら、それだけで経営の根幹が揺らぐ事態になることが多い。だらしなく、不摂生であれば、危機の予兆をつかめるわけがない。

リーダーは健康で明るくなければならない

リーダーはやはり元気で明るいほうがいい。暗いリーダーに「ついていきたくない」と感じるのは自然の理《ことわり》である。とはいえ、リーダーも生身の人間だ。悩みを抱えているときや元気がないときだってある。しかし、意気消沈した姿を部下たちに見せたり、暗い顔をしていたら組織全体が暗くなってしまう。そうなれば、組織の活力が低下することはあっても、活力が増すことはない。

リーダーは何があっても、部下たちの前では明るく元気を装うことである。そして独りになったところで、正直な自分に戻ればいい。

組織の活性化を維持する責任のあるリーダーは、これくらいのことはできてほしい。「自分が部下だったら」と考えてみれば、「そうか、その必要はあるな」と気づくはずである。

「知識」よりも「知恵」が大事

リーダーには健康な体や健康な心だけでなく、知恵も必要である。

その気になれば、誰でも容易に情報にアクセスできる時代だが、知識として知っていることと、知識を体得して行動に反映できることは大きな違いがある。私は、**「知識」のうちはまだ他人のもの、「知恵」になってはじめて自分のものになる**と考えている。

情報が氾濫する時代だからこそ、今後は「知恵」の相対的価値が高まるはずである。自分の中で消化して身になっていない知識は「リスクマネジメント・危機管理」においては役に立たない。知識がありさえすればリスクマネジメント・危機管理ができるのであれば、「記憶力がよい人や知識量が多い人＝リスクマネジメント・危機管理能力が高い」ことになってしまう。

しかし、世の中を見ても知識量が多い人が必ずしもリスクマネジメント・危機管理能力が高いとはかぎらない。もし、あなたの周囲に知識量が多くてリスクマネジメント・危機管理能力が高い人がいるのであれば、その知識がどんなものなのかをよく観察してほしい。

それは、おそらく私が言う「知識」ではなく、「知恵」になっているはずだ。

「実践知」には3種類ある

一般に仕事は次の３つの知力を実践的に使って遂行されている。

形式知……文字や図形などで表すことができる知識
身体知……自転車や自動車の運転、コンピュータの入力など、体で覚えた知識
暗黙知……文字や言葉ではなかなか表現できない知恵

この３つの「知」を身につけていなければ確実な仕事が遂行できない。大切なことは、それぞれの特徴を活かし、補い合うように身につけることである。

ところが、現代では簡単に情報が入手できるがゆえに、文字情報を入手しさえすれば安心という傾向が強くなっているのではないか。

たとえば、かつてなら知らない言葉の意味を調べようと思えば、辞書を引く必要があっ

図表10-1　3つの知力

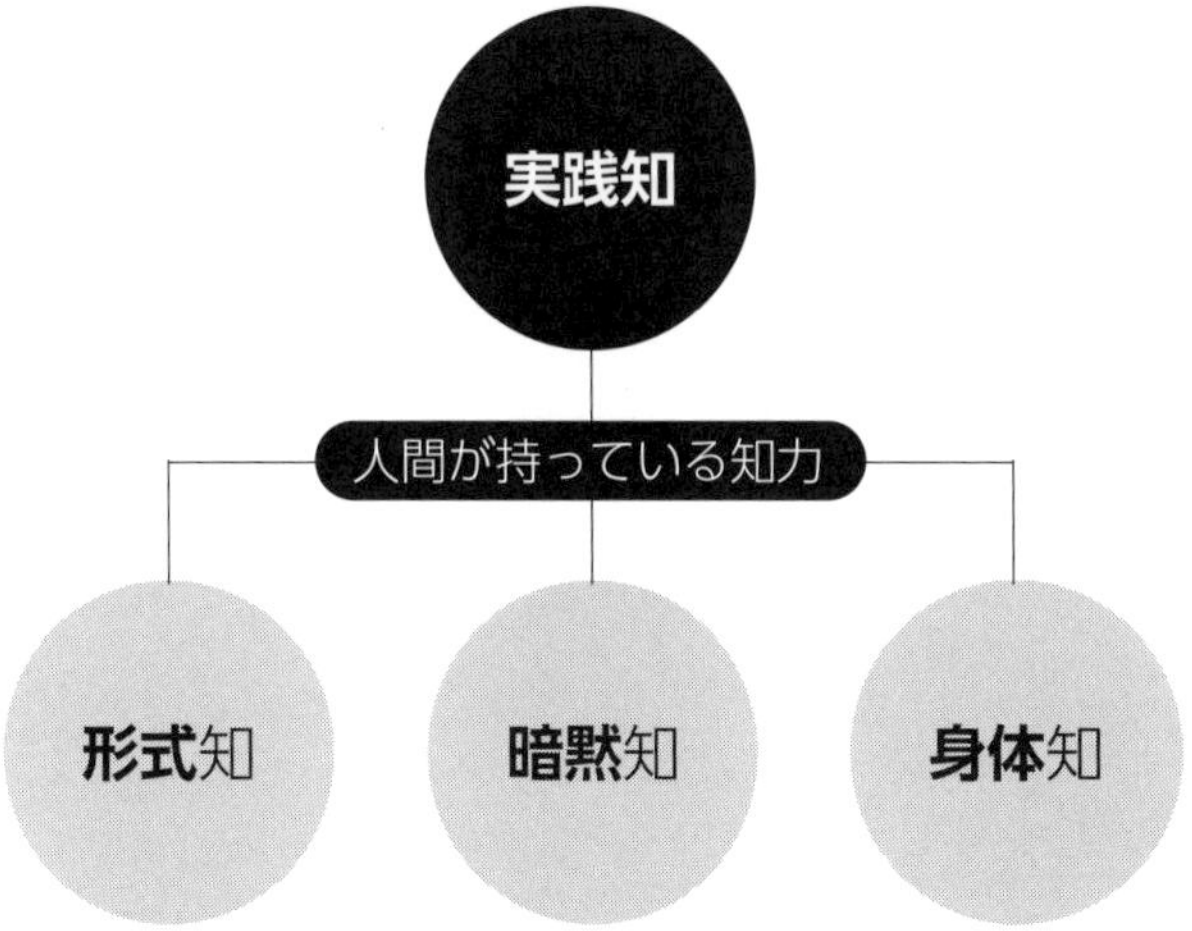

た。しかし、インターネット世代は辞書を引かない。インターネットでキーボードを叩けば簡単に答えを見つけることができるからだが、辞書をいちいち引いていた世代は、「辞書を引く」という行為によって得たものがあった。

私の世代は手間がかかっても、面倒だと思っても、辞書を引かなければならなかった。もっといえば、どこにあるかわからない答えを探しに図書館へ行き、どうすれば効率的に答えにたどり着けるかを考えながら本を探したりしたものだった。

今となれば大変だったと思うが、それ

が当たり前だったので、昔の人は自然と調べることに対する根気があった。

もちろん便利なものを使うことは否定しない。ただ、インターネットは検索ワードを入れれば、すぐに答えを出してくれるがゆえに、検索結果に答えがなければ、すぐにお手上げになってしまう人が多い。もしかしたら、先輩に聞けばわかりやすく教えてくれるかもしれないのに、その手間さえも面倒と思っているフシがある。

インターネットの発展が情報へのアクセスを簡単にしたことは間違いない。しかし、それは「形式知」に偏り過ぎた人を多く生み出してしまった。その結果、相対的に「身体知」や「暗黙知」が軽視されることにつながってしまったのではないか。

知恵（暗黙知）の伝承がされなくなった弊害

現代社会ではSNSなどの影響もあり、同世代間の横のつながりは従来以上に密接になっているように見える。一方で世代間の縦のつながりは希薄になっている。

つまらない事故やインシデント、トラブルが増えているのは、貴重な経験に基づいた暗黙知の伝承が行われなくなったことが関係しているように思えてならない。

マニュアルは身体知、暗黙知を伝えるひとつの方法だが、身体知や暗黙知は簡単に言語化できないゆえに、そう簡単に伝えることはできない。つまりマニュアルだけに頼ってしまうと、形式知だけでは受け継ぐことができない身体知や暗黙知は伝わらなくなってしまう。

一方で、マニュアルは今までの経験や知恵を文字にした極意書でもある。大切なことは、**ただ文字を読んで暗記するだけでなく、なぜ、このような記述になっているかを考えることだ。**マニュアルに理由は説明されていなくても、「なぜこのような手順になっているのか」「なぜこうしなければいけないのか」にはすべて理由があるはずである。

私もパイロットたちに月1回はマニュアルを読むように、と教えているが、内容をすべて覚える必要はない。大切なのは読んで「なぜこう書いてあるのか」「何の目的でこうするのか」の「なぜ」「目的」を気づかせることだと思っている。私自身、定年直前まで月1回はマニュアルを読んでいたが、毎回違う気づきがあった。

膨大なマニュアルをすべて暗記して、マニュアルどおりに行動できたとすると、異常事態が起きたときに、「マニュアルどおりにやった」ことが免罪符になってしまう。たとえば、ハドソン川の奇跡のような異常事態が起こったときに、マニュアルの遵守を最優先して多くの人命が犠牲になり、「マニュアルどおりだった」で許されるだろうか。マニュアルを逸脱して、多くの人命を救ったほうが結果としていいのではないか、ということである。

マニュアルやチェックリストの分量はできるだけ少なくしたほうがいい。あまりにも膨大な量になると、それができないとマニュアル違反になってしまう。そうなれば、チェックリストやマニュアルを守る意識が強くなる。その結果、マニュアルやチェックリスト頼りになり、マニュアルを守ることが目的になってしまう。変化が激しい時代において、それでは臨機応変な対応ができないのである。

人が嫌がる仕事、修羅場の経験は財産になる

では、暗黙知を身につけるにはどうすればいいのか。

私の経験からいえば、人が嫌がる仕事、修羅場を積極的に経験することだ。それを実践してきたことで、私自身は多くの「暗黙知」を身につけることができたと思っている。

大手総合商社・伊藤忠商事の社長や中華人民共和国駐在大使などを務めた丹羽宇一郎氏

も、著書で「辛い仕事ほど人を成長させる」と述べている。

自然界の動物たちは「食うか食われるか」の厳しい修羅場の中で生き延びていかなければならない。「食うこと」に失敗しても、「食われて」も命を落としてしまう。「食う」にしても「食われない」にしても、本能を働かせている。人間も危機的状況に遭遇した際や、修羅場では理屈でなく本能が働く。厳しい競争社会にあって経営すること自体が日常的な修羅場といっていいかもしれない。講演後の懇親会などで経営トップと話すと、「経営は、半分は本能だよ」という人がいるのもうなずける。

私もパイロットとして、いくつかの修羅場を経験してきた。ここでは、そのひとつをご紹介しよう。

日本航空では、米州地区、欧州地区、アジア・オセアニア地区といったように、路線別に責任者を決めていたが、1980年代は中近東地区の主席(責任者)を決めようとしても、なかなか手を挙げる人がいなかった。航路の往復とも深夜帯の時間で、スケジュールもきつく、1980年から1988年にかけて起こったイラン・イラク戦争から1991年に起こった湾岸戦争と、中東は戦火に見舞われていて危険度が高かったからだ。1988年にイギリスの作家サルマン・ラシュディがマホメッドを批判する『悪魔の詩』を出版すると、この出版に反発するイランがイギリスとの断交に踏み切る、そんな時期だった。

中近東路線の主席を誰にするかというときに、私は「やります」と手を挙げた。

このときは、もちろん「暗黙知」を身につけようと思っていたわけではない。ただ、中近東に興味があり、好奇心が刺激されたこともあった。一方で、「自分がやらなくては」という責任感もあったのかもしれないが、それ以上に「修羅場こそ自分を磨くことができる絶好の場である」という思いが強かった。

当時、日本航空には中東情勢、周辺地区の軍事情報などについて詳しい情報はほとんどない状況だった。軍事情報については「自衛隊に聞いてみたらどう」というアドバイスしかなかった。

そこで私は会社の名刺を一切使わず、自費を数百万円投じて個人的に情報を集めることにした。そもそも会社に情報があれば、私が情報収集する必要はないわけだから当然といえば当然なのだが、会社も組合も「危ない」というだけで、どこが危険で、どうなったら危ないのか具体的なことは誰も教えてもくれなかった。

当時、日本航空は「イラクとの戦争状態にあるイラン上空は危ない」としてイラン上空をずっと迂回して飛んでいた。ところが、イランと国交断絶にあるイギリスの英国海外航空（BOAC：現ブリティッシュ・エアウェイズ）はイラン上空を飛んでいた。

「断交している国の航空会社が上空を飛んでいるのはなぜだろう」

そう思った私は、イラン、イラク、ペルシャ湾周辺の状況を調べることにした。ただ、情報収集は惨めな思いや苦労の連続だった。会社の名刺を持たないひとりの個人に対しては、けんもほろろの対応をされることもしばしばだった。

それでも粘り強く情報収集していくと、たしかにイランとイラクは交戦中だが、自分たちが飛ぼうとしている空域はイラン領空でも危なくないことがわかった。迂回すれば、飛行時間が延び、乗員の勤務時間が超過することがあるだけでなく、燃料も余計に消費することになる。経済効率が悪くなる。できれば他の航空会社と同様に合理性のある飛行ルートを飛ぶのが当然であろう。

そこで会社にイラン上空の通過許可を取得してもらった。主席である私がまず2回飛んでみたが、何も問題は起こらなかった。その後、安全性を確認し、日本航空も他の航空会社同様にイラクとの戦闘空域から遠く離れたイラン上空を飛行することになった。

このとき私はイギリスは断交しているのにもかかわらず、きちんとした情報収集しているることに驚いた一方、直接のわだかまりがあるわけでもない日本の航空会社が、たんに「戦争国の上空だから危ない」と決めつけてしまうことに、欧米との情報に対する重要性の認識の違い、危機管理能力の違いを痛感させられたことをよく覚えている。

当時から、情報、セキュリティーに対する厳しさ、精度が欧米などと比べ、日本が劣っていることを嫌というほど感じさせられてきた。その甘さが露呈したものとして象徴的ともいえるのが、2019年の年末から2020年の年始にかけて大きなニュースとなった、仮保釈中のゴーン元日産会長の日本からの逃亡事件である。

1990年の湾岸危機から翌年の湾岸戦争のときも、私は中東情勢の情報収集に力を注いだ。当時、フセイン大統領が生物兵器や化学兵器、核兵器を使用する可能性があるとされていた。私はテレビで映し出されるフセイン大統領が、どんな会議でも必ず数名の屈強そうな護衛を付けている様子を見て、ある確信を持った。

「この人は命が惜しい人だ」

フセイン大統領は、1988年3月16日のハラブジャ事件でクルド族に対して化学兵器を使用し、多くの住民を殺害したが、かりにイラクが核兵器を持っていても、命が惜しいと思っているかぎり、フセイン大統領は核兵器を使わない、いや、使えないと思った。なぜなら、もしフセイン大統領が核兵器を使用すれば、アメリカが本気になって彼に対して攻撃することが明白だったからである。

そして私は会社にこう報告した。

「フセイン大統領は生物兵器、化学兵器、核兵器を使わない可能性が極めて高い。通常兵器ならここまでは安全で、これ以上先へ行けば危険です」

どの会社、どの国でも最も大事なのは、トップがどういう人間で、どういう考えを持ち、どんな判断をするのかを知ることである。

私はこうした人の嫌がる修羅場で、さまざまなモノの見方や日本での常識が世界では常識とはかぎらないことなど、多くのことを学んだ。そして、このとき机の前に座っているだけでは絶対に得られない情報・知恵の重要性を痛感した。

修羅場を経験する機会に恵まれない人はどうしたらいいか

しかし、修羅場はそう都合よくやって来るものではない。いつ来るのかがわからない修羅場を待っていても非効率なので、ここでは違った方法で知恵を得る方法を考えてみたい。最も手軽にできるのは、修羅場を経験した人に直接話を聞くことだ。それができなければ、当事者意識を持って映画やドラマの修羅場のシーンを見て、登場人物の心理を推測したり、言動から彼らの知恵を盗むことができる。

また、自分自身から学ぶこともできる。失敗を一度もしない人とはいない。自分の失敗を材料にして、失敗しないためにはどのような工夫をしたらよかったかを自分自身に質問する。あらゆる答えを考えるうちに、知恵が湧き出てくる。質問は他人にするものだけではない。自分自身に質問することも、大きな意味があることを忘れてはいけない。

知恵は最も身近なところにもある

知恵を身につける材料はどこにでも転がっている。要は「知恵を身につけよう」とする自身の目的意識次第である。

社外、異業種の人に積極的に会って話を聞くことで、何らかの「知恵」を嗅ぎとることもできる。さまざまな失敗事例に接しながら、当事者意識を持って「自分ならどうするか」を真剣に考えてみたり、成功事例を読んで、「なぜうまくいったのか」「それは必然か、たまたま運が良かったのか」を推測してみることも勉強になる。

テレビや新聞も目的意識を持てば、そこから知恵を得ることができる。たとえば、事故や不祥事などのニュースを見たときに、ただ見るだけでなく、「なぜそうなったか」「何の目的でそうしたのか」について「なぜ？」「なぜ？」「なぜ？」を繰り返しながら、「何の目的で？」を突き詰めながら、そこにある本質を考えてみる。同様に小説、映画、テレビドラマにも「知恵」はたくさん隠れている。

世の中のすべてを経験することは不可能である以上、他人の経験、知恵を自分なりに消化して自分のものにして知恵を得ることができれば、世界は大きく広がる。

そして忘れてならないのは、最も身近な存在である自分自身の経験を「知恵」として昇華させることである。

ここでは私が実践してきたふたつの方法を紹介したい。

ひとつは仕事でも趣味でも、家事でも、遊びでも対象は何でもいいから「**ひとつのことに必死に打ち込むこと**」。もうひとつは、すでに述べたように「**人が嫌がる仕事、修羅場を積極的に経験すること**」である。

ひとつの仕事に長年打ち込んできた職人は、すごい知恵（暗黙知）を身につけている。たとえば、法隆寺三重塔の再建などを手掛けたことで知られる、伝説の宮大工・西岡常《つね》一《かず》氏はその典型的な見本だろう。

「頭で覚えたものはすぐに忘れてしまう。身体に覚え込ませようとしたんでしょう」と、厳しかった師匠である祖父・常吉《つねきち》のことを述懐しているように、祖父からは道具の研《と》ぎ方を一切教えてもらえず、覚えるまで毎晩のように研ぎ続けることで、その技術を体得したそうだ。

どの職業であれ、ひとつのことに必死に打ち込んでいれば、必ず失敗をする。失敗すれば、考え、悩むこともあるだろう。しかし、何かを成し遂げたいという気持ちがあれば、先輩の仕事ぶりを盗んだり、自分なりに工夫するなどして、同じ失敗を繰り返さないための努力をする。何かに打ち込んだ人は、自分自身に悪戦苦闘することで、必ず知恵をたくさん身につけているものである。

趣味の世界でも知恵を身につけている人が多くいる。趣味は好きでやっているだけに、ある意味では仕事より打ち込みやすい。だからこそ知恵も湧きやすい。知恵は必ずしも仕事だけから得るものではない。プライベートの時間にも知恵を得るチャンスはある。

失敗は知恵をつける最大のチャンス

悔しさや惨めな思いを無駄にしてはいけない。それをバネにして二度と同じ失敗をしない工夫をする。そして失敗を後悔するのではなく「失敗があったから知恵にできたのだ。だから良かった」と感謝する。

私も先に述べた中東情勢の情報収集をするときに惨めな思いをしたが、もし会社の名刺を使っていれば、きっと相手の接し方は違っただろう。しかし、情報収集は社命ではない。自費で行ったことからもわかるように、個人的な使命感でやっているものだった。

この使命感は以前に、のちに首相となる細川護熙《もりひろ》氏の講演を聴いてから、会社のためというより、日本の国のため、日本国民のためという思いが湧いてきたからである。氏の講演で「自分が政治を目指したのは、ケネディ大統領の『君たちに問う、国が君たちに何ができるかではなく、君たちが国に何ができるか』に奮い立ったから」という話があった。その言葉がきっかけになった。そのときにメモをしたノートは今でも大切に保管している。自費で情報収集したのも、細川氏の講演の中のケネディ大統領のメッセージに刺激された影響が大きい。

私はそのとき謙虚であることの重要性を強く学んだ。惨めな思いを持ちながらも、謙虚な姿勢で協力者からの話を聞き出し、最終的には情報を収集できた。名刺に頼らずに謙虚な気持ちで情報収集をやり遂げたことは、私に「いつ会社をクビになっても飯を食っていける」という大きな自信をもたらしてくれた。

格言・古典は知恵の宝庫

格言は先人たちの経験から生まれた生き方、真理、戒《いまし》め、教訓などを短い言葉で表したもので、時代を超えて言い伝えられてきた知恵の宝庫である。

たとえば「転ばぬ先の杖」は、第7章で詳しく述べた危機管理の「悲観的に準備する」そのものである。

「三人寄れば文殊の知恵」という言葉は必ずしも日本人だけが感じたことではなく、世界共通の普遍的な知恵だ。アップルの共同創業者であるスティーブ・ジョブズ氏は次のようなことをスピーチで述べている。

「一人の優秀な人の話を聴くよりも30人の普通の人の話を聞くほうが良いアイディアが生まれる」

アップルが次々とユニークな商品を生み出しているのは、優秀な人の話ではなく、一般のユーザーなど多くの人に聞いた話から生まれた「知恵」があるからだと推測できる。「三人寄れば文殊の知恵」のような格言は時代を超え、洋の東西にかかわらず通用する普遍的な人生訓の宝庫なのだ。

「格言」をはじめ、長年、伝えられ続けている言葉はたくさんある。これらの言葉を一般教養的に知っているだけではもったいない。日本のみならず、世界中の古典には知恵が隠されているからだ。

ただし、古典をただ読むだけではダメだ。読む側がそれなりのアンテナ感度、目的意識、問題意識を持っていれば、そこに隠れている本質的な意味を読み説くことができるはずである。

宮本武蔵から学ぶ謙虚心と自律心の心髄

私自身、古典から貴重な知恵を得ているが、ここでは私の経験からふたつの事例を紹介したい。

私は1980年代後半から1991年1月にかけてのイラン・イラク戦争、湾岸危機、湾岸戦争の最も厳しい状況下で、中近東路線の主席機長として民間航空機の安全確保に苦心していた。当時は日本ではリスクマネジメント・危機管理の実践的な手法を学ぶ手段はあまりなく、中東情勢、軍事情報、国連の安全保障理事会の情報を日本ではなかなか入手できない時代だった。

軍事情報、特に戦闘機、スカッドミサイルの性能などは主にイギリスで発行される航空・宇宙、船舶、防衛機器・防衛兵器などの資料『ジェーン年鑑』などを参考にした。中東情勢は主にMEES（Middle East Economic Survey）や石油関係者からの情報を得ていた。

肝心のリスクマネジメント・危機管理は欧米のものを学んでいた。ただし、それらはすべて情報であり、知識でしかなかった。

当時の私は中近東路線の責任者として、どのような心構えで一緒にフライトする乗員たちに臨んだらいいのか悩んでいた。

当時の日本はバブルを謳歌していたころだ。

そのころ、偶然にニューヨークの五番街にある書店のビジネスコーナーに山積みにされていた『THE BOOK OF FIVE RINGS』という本が目に入った。宮本武蔵の『五輪書』の英訳である。現代のアメリカのビジネスパーソンにも人気があるようだが、異国で山積みになっている『五輪書』を見て、何かあると思い、手に

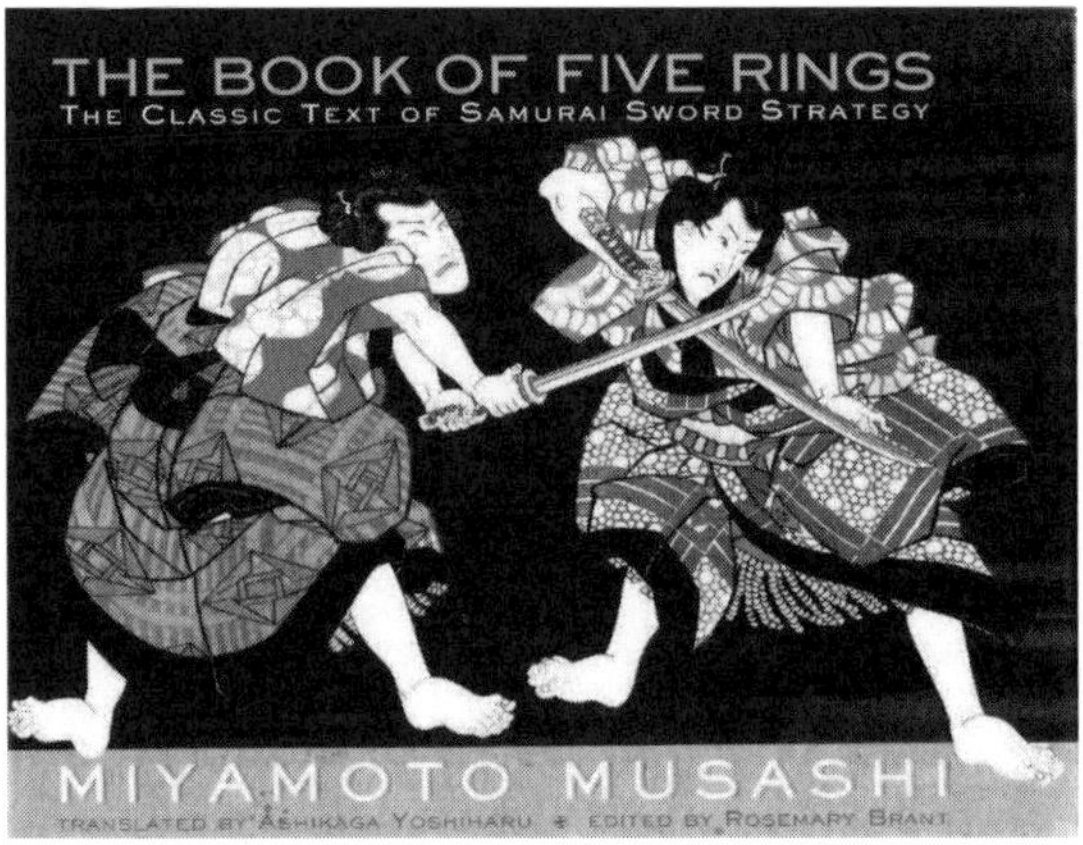

ニューヨークの書店で見つけた『五輪書（Book of Five Ring)』の表紙

取った。そのとき、こう思ったことを今でも覚えている。

「アメリカのビジネスパーソンの多くに読まれているということは、きっと現代のビジネスパーソンにも何か参考になるものがあるのではないだろうか」

私は興味本位でその本を買って日本に帰ったが、結局、学生時代に買ってそのままにしてあった日本語の『五輪書』を読んだ。

その中に書いてあった「**神仏を尊び神仏に頼らず**」の文字を読んだ瞬間、身振いをしたことを覚えている。

「これだ！　自分が悩み続けていた心構えだ！」

「神仏を尊び」はまさに「謙虚心」であり、「神仏を頼らず」は「自律心」そのものであると感じた。以来、リスクマネジメント・危機管理、健康管理の心構えとして、この言葉を常に自分自身に言い聞かせるようになった。

これは健康管理、リスクマネジメント・危機管理に絶対に必要なことなのだが、実際は逆になってしまっている人が多い。いつもは神仏の存在など気にかけることもないのに、いざ困ったことが起こると、都合よく神仏に「助けてください」と頼ったりしていないだろうか。神にすがって頼るような依存心があれば、自律にはほど遠いということだ。自分自身にだけでなく、リスクマネジメント・危機管理に関する講演を行うときには、この言葉を必ず触れることにしている。

私は学生たちに合格祈願に行くなら、「○○大学に合格しますように」「○○会社に合格しますように」とお願いするのではなく、「○○大学に合格しますと約束をしてきなさい」と言っている。「受かったらいいな」ではなく、「合格します」と宣言させることで行動が変わってくるからだ。

「祈願」は、まさしく神頼み。どこか他力本願的な行動になってしまう。しかし、合格することを約束すれば、自力で合格しなければいけない。だから勉強に身が入る。嘘のようだが、神様に対してお願いする子よりも、宣言や約束をしてきた子のほうが、はるかに合格率が高い。これはオカルトでも偶然でもない。同じ人間でも心構え（＝物事に対する姿勢）が変われば、直接的に行動に結びつく。つまり、心が行動を大きく変えるということだ。

自身の内部に原因を求める

多くの人はうまくいかないと、外部に原因を求めがちだ。人のせいにしたり、会社のせいにした経験は誰にでもあるだろう。経営者であれば、景気や金利、為替、政治、天候など、さまざまなことを経営成績の不調の理由にしたくなるかもしれない。

たしかに客観的に見れば、それらがうまくいかなかった要因かもしれないが、当事者として考えなければいけないのは、どんな条件のもとでも、いかに最悪の事態を防ぐかである。何かが起こったあとから第三者が原因究明するのは、あくまでも事後に行うことであって、現場で行うことではない。

当事者が現場で自分以外の他に原因を見つけようとすれば、リスクマネジメント・危機管理どころではなくなる。対応が遅れて状況が悪化するだけだ。

肝心なことは、当事者は次のように考えることである。

・今、起こっていること→原因ではなく、条件だと捉えるそして「いかなる条件でも、絶対に最悪の事態を防ぐ」という「覚悟」をしなければならない。この捉え方と覚悟こそが当事者にとって、最悪の事態を防ぐための必須の条件である。

だいたい、失敗をしたときに人のせいにしたところで何の解決になるだろうか。

たとえば、部下のAさんに「これをやっておいて」と伝えたとする。しかし、その後、確認したらAさんは「そんな話は聞いていません」と主張し、何もやっていなかった。

客観的に見れば、聞いていたのに忘れてしまったAさんが悪いように思えるが、自分にはまったく非がなかったと言い切れるだろうか。

「伝え方が悪かったのかもしれない」

「途中で進捗状況を確認しておくべきだった」

いろいろとできることはあったはずである。そう考えれば、同じ過ちを繰り返さないための次善策を考えることができる。たとえ誰かのせいだと思えることでも、「あのとき、違った行動をしていれば、ミスは起こらなかったのではないか」と考えることのほうがよほど有意義ではなかろうか。

機長の立場からいえば、飛行機は離陸したら、着陸するか墜落するかのどちらかだ。もしエンジンが故障して墜落すれば、それは原因かもしれない。しかし、墜落したときに、自分以外に原因があるからといって、なんの慰めになるだろうか。エンジンが故障したのなら、その条件下で是が非でも飛行機をどこかに着陸させなければならないだけである。どんな条件でも最悪の事態を防ぐ――このことを私は宮本武蔵の『五輪書』から教わった。

「初心忘るべからず」を忘れてはいけない

もうひとつは世阿弥《ぜあみ》の『花鏡』の中にある有名な「初心忘るべからず」である。『花鏡』を自分なりに意訳すると、初心には「新人の初心」「中堅の初心」「ベテランの初心」の3つの初心がある。

初心者は初心を忘れることは少ないし、慢心もあまりないだろう。注意すべきは、中堅とベテランである。中堅は技術的には脂がのっているころで頭の回転もまだ速い。何でも

図表10-2　3つの初心

・新人の初心
→そもそも「初心」なので慢心することは少ない

・中堅の初心
→何でもできると勘違いして謙虚さを失いがち

・ベテランの初心
→間違いを指摘する人がいなくなるため、慢心しやすい

できると勘違いして謙虚さを失いがちだ。ベテランになれば、自分の過ちを指摘してくれる人がいなくなるため、慢心しやすい。さらには時代が変わってもやり方を変えることができず、昔の知識をアップデートすることなく、過去からの惰性で作業などをしてしまうことがある。よほど謙虚であることを意識しないと、大きな落とし穴に落ちて危機を招くことになりかねない。

私自身も中堅と呼ばれるようになった30代後半に謙虚心を失いかけていたことがある。幸いにも同僚からのアドバイスで、謙虚さを失っていたことに気づかされ、大事に至らずに済んだ。その反省から、以降は謙虚であることの重要性をそれまで以上に強く感じるようになった。

そのことがあったからこそ、50歳を超えてからは、自分の息子や娘の年代の若い人たちからの指摘やアドバイスに

対して素直に「ありがとう」と言うことができた。そのおかげで多くの人の助けや協力を得て、パイロット人生を無事故のまま、まっとうできたと思っている。

植物に学ぶ「自律心」

私はリスクマネジメント・危機管理について教える立場になったとはいえ、当然のことながら人間として弱い部分もある。自律心が希薄になることだってある。

私はかねてより自律心の師匠となるべきお手本を探し求めてきたが、最近になってようやくその師匠となる手本を見つけることができた。意外にも身近にあった。

それは、いたるところで目にすることができる「植物」である。人間をはじめとする動物は、食べ物を求めて生き延びるために移動することで自分を取り巻く条件を変えることができる。人間にいたっては、暑いときはクーラーが効いた部屋に入り、寒いときは暖房をつけた部屋に入ればいい。コートやダウンを着て、寒さをしのぐこともできる。

しかし「植物」は与えられた環境を自分で変えることができないため、与えられた条件で生きていくしかない。コンクリートの割れ目から芽を出し、たくましく生きている。海面から突き出た岩から松の木が伸びている。「植物」こそ「自律」の最たるものではないか――私はそう思うようになった。

植物の心の内はわからないが、植物を見ていると、一度根を下ろした場所で、「私はどんな状況であろうとも、ここで生きていく」という覚悟を感じる。雨が降っても降らなくても、風が吹こうとも、植物は「なんでこんなところに根を下ろしてしまったのだろう」とは思っていないはずだ。その状況を受け入れ、誰にも頼らず、いかに生き抜くかだけを考えているのではないだろうか。

私は自律心が揺らぎそうなとき、植物のたくましさに勇気づけられてきた。そして自分自身を鼓舞するのである。そして、与えられた条件でたくましく生きていきたいと、いつも心を新たにするのだ。

旅客機のパイロットに
肥満な人がいないワケ

パイロットで肥満体の人はほとんどいない。これは自己管理ができている証左だ。

航空身体検査基準でＢＭＩ（肥満度）が 30 以上で即不合格になることはないが、肥満は動脈硬化及び心血管系疾患の重要な危険因子のひとつである。ＢＭＩが 30 を超える高度の肥満の場合には、「心血管系疾患に関するほかの危険因子の有無について検討し、乗務中の急性機能喪失の危険性を勘案して判定すること」と規定されており、場合によっては不合格となる可能性がある。

ちなみに、フライト中に歯が痛くなってしまえば、集中力、注意力に支障をきたすため、パイロットは虫歯で疼痛《とうつう》を伴う場合は治療をしてからでないと乗務できない。

日ごろから生活習慣、食生活に気をつけて健康的な生活を送ることだ。これを企業に置き換えて考えれば、ホウレンソウ（報告・連絡、相談）や悪い情報を早く上にあげるといった、健全な企業文化、企業風土あるいは習慣を根付かせておくことだろう。

インフルエンザの予防のために、ワクチンを打っても、インフルエンザにかかってしまうことはあるように、予防策を講じていても予想外のことが起こってしまうことはある。そのためにも早期発見、早期治療する意識を持つことが重要である。

第11章

持続可能な組織運営のために
リーダーをどう選び、育てるべきか

適性がない人をリーダーにすると、組織は機能不全に陥る

今後、企業が激しい生存競争において勝ち残っていくには、すでに述べたとおり、**役割遂行型の組織**の必要性が増していくと考えている。危機管理を突き詰めていくと、「人」に行きつく。組織であれば「人事管理」に行き着く。つまり、誰をリーダーにするかという人事である。

そうでなければ、世界との競争で日本は置いていかれてしまうのではないか。

人事はあくまで業務上の目的を達成するために最適な人的リソースの配分を行うことが本質である。そのためにはリーダーの資質がある人材を「リーダーにする」という目的のもとで、人事を行うことが重要になってくる。

一般に人事でよくある間違いは、「彼はよくやってくれたから」と、論功行賞的な理由で行うことだ。たとえば、営業成績や業績がいいという理由で課や部などの組織をマネージする役割を与えるケースである。その結果、日本企業ではリーダーとしての素養がある人がリーダーになっていないケースがあまりにも多い。

よく言われるたとえだが、成績を残したプロ野球選手が必ずしも監督として成績を残せるわけではない。それと同じで、サラリーマンの場合も営業成績トップの社員だからといって、リーダーとしてふさわしいかはまた別の話である。

「営業マンとしては優秀だけど、あの人の部下になるのはなんとしてでも避けたい」

「言っていることは正しいのだけど、あの態度では言うことを聞きたくなくなる」

「あの部長は、周りの人間を見下すような発言ばかりでまったく人として尊敬できない」

みなさんも適性を欠いたリーダーがひとりやふたりは思い浮かぶのではないだろうか。いくら仕事ができても、適性がない人がリーダーになれば、組織は役割遂行に支障が出てしまうことは火を見るより明らかである。

日本人の役職や肩書きで人を判断するのは悪い癖

その背景には、日本企業、日本のビジネスパーソンには役職や肩書きで人を判断する気質があると考えている。

「あの部長は偉い人だから」といった言い回しを社内で聞くことは少なくない。逆に、「あの新しく入った派遣さんは、どうなの？」と、まるで「派遣社員」という肩書きでその人を見下すかのようなニュアンスを含めて話す人もいる。

そもそも課長、部長、取締役、社長などといった肩書きは、その役割を示す記号でしかなく、必ずしも人間的に優れていることを表しているわけではない。

もちろん、役職が上位の人には、人間的に尊敬できる人も少なくないが、日本企業の出世は人間性よりも数字などの実績が優先されることが多い。営業成績など専門分野で業績を上げる能力と組織をマネジメントする能力とは別である。

業務遂行型の組織を目指すなら、営業成績など専門分野での業績がよければ給与・賞与などで報いればいい。極端なことをいえば、会社の業績を著しく上げている社員なら社長より高い年収があってもいい。要は、組織の運命はリーダー次第であるという厳然たる事実から、**リーダーの人事はあくまで、業績を基準にするのではなく、リーダーとしての資質、人物本位で行うことが、危機管理の視点からも重要なことである。**

ところが政治の世界の人事では、依然、「よくやってくれた」という感覚で人事が行われているケースが多いのではないか。当選回数で「そろそろ大臣に」となるのは、その典型的な例だろう。

私は安倍晋三総理大臣が内閣改造を行うたびに、人事の失敗例としての教訓を国民に教えていると感じる。何か起こるたびに、決まり文句ように「適材適所」とは言うものの、本当に「適材適所」を最優先した人事だったのかは疑わるざるを得ない。政治の世界には、一般人にはうかがい知れないさまざまなしがらみがあるのだろうが、大臣がこれまでにどれだけ更迭《こうてつ》されることになったのか。それが繰り返されるたびに、人事の失敗例として示してくれているので、我々国民はこの教訓を活かすべきである。

とにかく**人事は理由ではなく、目的で決めるべきで、素晴らしい仕事をしてくれた人には人事で報いるのではなく、ボーナスなどの報酬で報いるのが鉄則である。**

働き方改革の意味を取り違えるな！

2019年4月から働き方改革が始まったが、実際に日本の生産性が劇的に向上したという話は聞かない。従来は従業員に対して、何時間働いたからいくらと、時間に対する対価を支払うことが多かった。いわゆる成果主義も日本に浸透してきてはいるが、これからは、より明確に成果に対して報酬を払う方向にすべきであると考えている。

働き方改革には、時間の概念のパラダイムシフトがあることを知るべきである。時間には量と質とがある。量（長さ）とは「1時間＝60分」という概念と、「1時間という時間で何がどれだけできるから」という時間の持つ質のふたつである。古代ギリシャ人はすでに時間に対するこのふたつの概念を持っていた。前者に相当するのがクロノス（物理的・客観的な時間）であり、後者がカイロス（主観的で意味を持った時間）である。

たとえば、台風のときなどに無理して出社することを模範的な会社員と考える風潮は根強い。しかし、会社に行くこと＝仕事ではないはずだ。風雨の中を何時間も並んで遅延して混雑する電車を待ち、いつもの何倍もの時間かけてヘトヘトになりながら会社にたどりつくことは、そんなに立派なことだろうか。むしろ、仕事の成果という実質的な面で見たときにほとんど意味がないことが多いのではないか。

それよりも、台風で出社が困難ならその日は休んでもらって、翌日からいい仕事をしてもらったほうが、よほど実質的である。

その傾向はだんだんと改善されてきてはいるものの、日本では「上司が帰るまでは部下は帰れない」といった雰囲気がはびこっている職場が多い。

この考え方では、次のような理不尽が起こってしまう。

・Aさんは、プレゼン資料を3時間でつくって残業しなかった。
・Bさんは、プレゼン資料を20時間かけてつくり、2日間にわたって残業した。

ふたりがつくったプレゼン資料が同レベルのものであれば、Aさんのほうが優秀であることに異論はないだろう。しかし、Aさんには残業代はなく、Bさんには残業代が支給されるのは理不尽ではないだろうか。

こんなおかしなことが起こらないようにするためには、時間ではなく、アウトプット（＝成果）で考えるべきだ。そうでなければ、長い時間かけてダラダラとプレゼン資料をつくった人のほうが報酬が高くなるようなおかしなことになりかねない。

日本でも労働環境を変えるべく動き始めたのだから、この機会に日本人の考え方も時代に合わせて抜本的に変えていくべきだ。

リーダーを育てるには、リーダーが育つ環境をつくることである

リーダー教育は、リーダーになってからではなく、リーダーになる前から行なう必要があるが、日本ではそれができていない。

日本は横並び意識が強く、学校でも企業でも、依然、公平な教育をする傾向がある。人には得手不得手がある。より個人の能力を伸ばすことを考えるなら、リーダーに向いている人物には、早期からリーダー候補として教育を施していくような思い切った制度変更をすべきだ。

営業など専門分野や一般の業務で成績がよい人が、そのままリーダーとして適任であるとはかぎらない。専門分野や一般の業務では目立った成績をあげていなくても、リーダーとしてのポジションを与えると組織運営でその能力を発揮する人がいる。

では、リーダーとしてどのような人物が適しているのか。第3章で詳しく触れているが、多くの経営者がその経験を基に述べているように、一言でいうと「ＥＱのレベルが高い人」である。

図表11-1　人（植物）が育つ3つの条件

「目標・夢」（太陽の光）を与え、
「経験」（肥やし）を与え、
コミュニケーション（水）をかければ、
人（植物）は成長する

植物が育つには太陽の光を与え、肥料を与え、水をかけてあげれば、太陽に向かって真っすぐ育っていく。

人が育つ原理は子どもであれ、大人であれ、リーダーであれ、植物が育つ原理と同じだ。〝経験〟という肥やしを与え、〝コミュニケーション〟という声をかけ、〝目標〟を与える。その環境をつくれば、育っていくはずである。

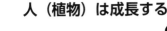

この原理をリーダーが育つ環境（条件）に当てはめてみよう。

まず、すでに述べたとおり、リーダー教育はリーダーになってから始めるのではなく、リーダーの一歩前か二歩前から開始することだ。

今ある職位よりひとつかふたつ上の職位だったら、自分はどのような考え、行動をするか考えさせる。具体的には現在、係長なのであれば課長補佐、課長なら部長といったように、自分より上の職位になったことを想定させて考えさせる。

そして、本人の能力、レベルに応じて権限を委譲して、意思決定の経験を積ませる。その際にはOODAループの意思決定について、説明し理解させておくと、本人の意思決定の能力向上が期待できる。

権限委譲に際しては、情報共有が前提条件となる。そのためにいわゆる「報連相」のコミュニケーションの円滑さが重要となる。**「報連相」の順番は、その文字の順番どおりでなく、「相」→「連」→「報」である。** つまり、相談し、適宜、連絡し、報告させることだ。

さらに今後のリーダーにとって求められるのは、多様性への対応能力である。

自分より年齢が上の人や経験が豊かな人をマネジメントしたり、外国人を活用して成果を上げることを求められる。そして育児や親の介護などを行う従業員のために、プライベート上の配慮を迫られるケースも増えてくる。

こうした、多様性に対してリーダーとして適切に対応していくためには、リーダーになる前から、業務能力の向上だけでなく、人間性の豊かさについて関心を持たせ、第３章で触れたＥＱ（心の豊かさ）を向上させていく環境の整備が必要となる。

おわりに

ここまでリスクマネジメント・危機管理ができるリーダーになるための考え方としての「ＯＯＤＡ」、そしてリーダーとして必要なことについて述べてきた。人間の社会も動物の社会も、リーダーの求められる最大の課題は組織（グループ）の生き残りと、種族保存という危機管理である。人間の社会において、リスクマネジメント・危機管理のできる人・組織をつくろうと思っても、一朝一夕に成し遂げることはできない。

部下にリスクマネジメント・危機管理の重要性を説いても、その本質的な意味を理解してもらうまでには時間を要することも多いだろう。すぐに理解できる人もいるが、人によっては数年という時間を要する場合もある。

本書では、「徹底」という言葉を繰り返し言ってきた。徹底は、「行動・態度・思想が中途半端でないこと」「すみずみまで行きわたること」である。リーダーはリスクマネジメント・危機管理ができる組織を目指すために、その目的意識を持続させなければいけない。

口で言うのは簡単だが、同じ人に同じことを繰り返し言い続け、本人に気づかせるのは、言うほうも言われるほうも精神的なスタミナが要求される。途中であきらめたくなる気持ちにもなるだろう。それでも、あきらめずに「徹底する」ことこそが、リスクマネジメント・危機管理の根幹になる。

それができれば、将来の見えない危機のリスクの芽を摘み取り、持続的な成長につなげることができる。

危機管理は、新しい考え方でもなければスマートなものでもない。野生動物にも備わっている本能であることからもわかるように泥臭いものなのである。

机の上だけで考えているだけでは危機のリスクに対処できない。リーダーには泥臭く行動することが必要である。行動するためには、観察し、情勢を判断し、肚を据えて決断しなければならない。

国家も、企業も、個人も新しいパラダイムの中で厳しい対応を迫られている。極端なことをいえば、平時はなく、いつも戦時といっていいかもしれない。つまり、私たちは常に戦時のような危機管理が求められている。それができなければ、国家も、企業も、個人も存立が危うくなるだろう。

「ＯＯＤＡ」は、それを日常的に実践しなければならないリーダーのみならず、個人にとって大きな武器になる考え方である。その考え方の本質を理解して、知識でなく、知恵にまで昇華できれば、あなたにとって一生役に立つことになるはずだ。

本書が読者の参考になれば望外の喜びである。

著者

【著者紹介】
小林宏之（こばやし・ひろゆき）
リスクマネジメント・危機管理専門家
元日本航空機長
1946年10月4日　愛知県新城市生まれ。1968年日本航空株式会社に入社。
入社以来42年間、一度も病欠などでスケジュールの変更なく飛び続ける。乗務した路線は、日本航空が運航したすべての国際路線と主な国内線。総飛行時間1万8,500時間。その他、首相特別便機長、湾岸危機時の邦人救出機機長など。2008年には、「高度一万メートルからみた地球環境」というテーマで、新聞、テレビ、ラジオ、雑誌などのメディアに出演。2010年3月退社時のラストフライトはマスコミの話題となり、新聞・テレビなどで特集が組まれる。
日航退社後は、危機管理・リスクマネジメントの講師として活躍する傍ら、航空評論家としても活躍中。

所属学会等：エンジン01文化戦略会議、日本リスクマネジメント学会、日本抗加齢医学会

・講演・取材はホームページ（http://kobayashihiroyuki.com/）からお願いします。

OODA《ウーダ》
危機管理と効率・達成を叶えるマネジメント

第一刷　2020年1月31日

著　者：小林宏之
発行者：平野健一
発行所：株式会社 徳間書店
〒141－8202　東京都品川区上大崎３－１－１
目黒セントラルスクエア
電　話：編集 03-5403-4350／販売 049-293-5521
振　替　00140-0-44392
印刷・製本／大日本印刷株式会社

ISBN978-4-19-865017-9